ANALICE DUTRA SILVEIRA
CAMILA GRACIELLA SANTOS GOMES

Ilustrações: Kelly Vaneli

ENSINO DE HABILIDADES DE AUTOCUIDADOS PARA PESSOAS COM AUTISMO

MANUAL PARA INTERVENÇÃO COMPORTAMENTAL INTENSIVA

EDIÇÃO 05

Appris editora

O livro é dedicado às pessoas com autismo,
seus familiares e a todos os profissionais
que escolheram para suas vidas
estudar essa área!

AGRADECIMENTOS

Este livro é resultado de muito trabalho e um trabalho desse tamanho só acontece com a participação de muita gente, por isso a nossa lista de agradecimentos é grande!

Agradecimentos à nossa equipe linda do CEI, especialmente às nossas Terapeutas Ocupacionais que foram fundamentais na criação, teste e avaliação deste material. Algumas ainda estão aqui na equipe e outras seguiram outros rumos: Luiza Lisboa, Ana Paula Oliveira, Cintia Vieira, Danielle Duarte e Patrícia Pantaleão. Agradecimentos especiais à Ana Paula Oliveira pela revisão cuidadosa do livro

Agradecimentos especiais à nossa querida secretária Aline Fernandes, que fez de tudo um pouco para que conseguíssemos finalizar este livro! Obrigada por cada palavra de incentivo nos momentos tensos e nos finais de semana.

Às famílias das pessoas com autismo que passaram pelo CEI e que nos deram informações fundamentais para a produção deste material. Agradecimentos especiais a algumas mães que tiveram participação direta neste livro: Meiry Geraldo (criadora da agenda para o controle dos esfíncteres), Ana Maria do Espírito Santo, Deyse Cardoso e Chennya Castilho.

Às nossas famílias que sempre nos apoiaram e que nos apressaram durante a produção do livro, o que nos deixou motivadas a terminar logo!

Aos nossos professores que são e serão eternamente nossos modelos! Agradecimentos especiais à prof[a.] Maria Amélia Almeida, nossa inspiração para o ensino de habilidades que são fundamentais para a vida! À profa. Ana Lucia Rossito Aiello, nosso primeiro modelo de sistematização do ensino de habilidades de autocuidados por meio do Inventário Portage Operacionalizado. À profa. Deisy das Graças de Souza, nosso modelo de qualidade e rigor nas intervenções e na produção científica. À prof[a.] Sandra Bernardes, nosso eterno modelo de elegância e leveza na aplicação da análise do comportamento

Agradecemos ao Instituto Nacional de Ciência e Tecnologia sobre Comportamento Cognição e Ensino (MCTI/CNPq/FAPESP/CAPES) que nos acolheu como instituição de pesquisa e que vem apoiando nossas iniciativas de produção na área do autismo. Muito obrigada!

Agradecimentos à Valquíria Rabelo pelas dicas preciosas sobre design de livros!

Agradecimentos especiais, carregados de afeto, criatividade, empolgação e cores, à nossa ilustradora Kelly Vaneli, que topou esse desafio com muita dedicação. O resultado não poderia ser outro: essa lindeza de livro! Kel, muito obrigada por tudo, e desejamos vida longa a esta parceria! Agradecemos também à Andréa Werner pela indicação da Kel!

PREFÁCIO

Foi com muito prazer que recebi o convite para apresentar o livro *Ensino de Habilidades de Autocuidados para Pessoas com Autismo* das autoras Analice Dutra Silveira e Camila Graciella Santos Gomes. A primeira autora (Analice) é graduada em Terapia Ocupacional pela Faculdade de Ciências Médicas de Minas Gerais e mestra em Educação Especial pela Universidade Federal de São Carlos, enquanto que a segunda autora (Camila) é graduada em Psicologia pela PUC-Minas Gerais, mestra, doutora e pós doutora pela Universidade Federal de São Carlos. Ambas fundaram o Centro de Estudos e Intervenção para o Desenvolvimento Humano - CEI em Belo Horizonte (MG), que presta atendimento a famílias de crianças, jovens e adultos com Deficiência Intelectual e Autismo, dentro dos princípios da Análise Aplicada do Comportamento. Posso declarar que conheço esse serviço e acompanho esse trabalho há muito tempo. Durante esses longos anos de experiência no CEI, as autoras desenvolveram um trabalho de pesquisa totalmente baseado em evidências e com isso desenvolveram protocolos de registro de dados e técnicas para o ensino de habilidades de autocuidados.

O livro é composto por nove capítulos, a saber:

No Capítulo 1, **HABILIDADES DE AUTOCUIDADOS**, as autoras discutem os vários fatores envolvidos quando se ensina essas habilidades, descrevendo o momento e o local que essas habilidades devem ser ensinadas, de acordo com a idade cronológica e as adaptações que se fizerem necessárias. Quatro procedimentos de ensino (ajuda física total, ajuda física parcial, dicas/demonstrações e ajuda verbal) também são apresentados e explicitados por meio de exemplos.

O Capítulo 2, **ANÁLISE DO COMPORTAMENTO APLICADA AO ENSINO DE HABILIDADES DE AUTOCUIDADOS**, descreve as habilidades de autocuidados à luz da Análise do Comportamento Aplicada. Nesse capítulo as autoras dão uma bela aula sobre princípios de Análise do Comportamento aplicados ao ensino de habilidades de autocuidados, tais como: antecedentes, consequências, reforços positivos e negativos, estímulos aversivos e não aversivos, comportamentos de fuga e esquiva, extinção, punição positiva e negativa e extinção versus punição. Todo o capítulo é apresentado de forma muita didática, ilustrado com figuras que favorecem a compreensão.

No Capítulo 3, **COMO UTILIZAR ESSE MANUAL**, as autoras apresentam um Currículo de Habilidades de Autocuidados. O currículo, por sua vez, é dividido em quatro áreas e cada área é composta por Programas de Ensino em quantidade variada. Orientações são apresentadas com a finalidade de otimizar o ensino de habilidades de autocuidados para aprendizes com autismo. As autoras discutem o currículo e a rota para o ensino de tais habilidades, mostrando que a função desse currículo é auxiliar na organização do ensino de várias habilidades de autocuidados simultaneamente. Por meio de uma figura, as autoras apresentam uma rota que auxilia na implementação dos programas em uma sequência que facilita o ensino.

No Capitulo 4, **PROTOCOLOS DE REGISTRO**, as autoras descrevem aspectos gerais dos Protocolos de Registro, que são instrumentos que auxiliam na organização do ensino e na verificação da aprendizagem. Apresentam cinco tipos de protocolos e os aspectos mais importantes de cada um deles. Todos os protocolos são ilustrados por meio de figuras, com o objetivo de facilitar a utilização.

No Capítulo 5, **HABILIDADES DE ALIMENTAÇÃO**, as autoras tratam das estratégias que envolvem o ensino de habilidades de alimentação. Ensinam com riqueza de detalhes como utilizar os utensílios para alimentação, como introduzir novos alimentos, os procedimentos de ensino, critérios de aprendizagem e preenchimento de protocolos de registro.

Os próximos capítulos, 6, 7 e 8, abordam o ensino de três grandes conjuntos de habilidades, como higiene pessoal, vestuário e uso do banheiro. Assim, o Capitulo 6 trata do ensino de **HABILIDADES DE HIGIENE PESSOAL**, envolvendo higiene oral, cuidado com o corpo, com os cabelos, com o rosto e com as mãos. Já o Capítulo 7, **HABILIDADES DE VESTUÁRIO**, ensina como vestir e despir os vários tipos de roupas, sapatos, manuseio de velcro, botões, zíper, colchetes, cinto e cadarço. Quanto ao Capitulo 8, **HABILIDADES PARA USO DO BANHEIRO**, as autoras tratam das habilidades para o uso do banheiro e controle dos esfíncteres. Há também uma grande preocupação das autoras, em cada um desses capítulos, em discutir o ensino de cada uma dessas habilidades de acordo com a idade cronológica do indivíduo.

Finalmente, no Capítulo 9, **USO DO MANUAL POR CUIDADORES DE CRIANÇAS COM AUTISMO: ESTUDOS DE CASO**, as autoras apresentam três casos de crianças com autismo, que ilustram o uso dos recursos deste manual para o ensino de habilidades de autocuidados, no contexto da Intervenção Comportamental Intensiva. As crianças foram acompanhadas durante quatro anos e os dados descritos são referentes ao primeiro ano de intervenção intensiva.

O livro está descrito com riqueza de detalhes e acaba tornando-se um manual importantíssimo para aqueles que desejam tornar pessoas com autismo e/ou deficiência intelectual independentes em habilidades de autocuidados, sejam eles pais, profissionais especializados, professores ou cuidadores. O livro mostra que essa população não precisa ser dependente para o resto de suas vidas!! Não mais!! Aqueles que seguirem todas essas orientações terão condições de torná-los independentes e prontos para aprender tantas outras habilidades importantes para suas vidas. Por tudo isso, recomendo a utilização deste livro por todos aqueles que se preocupam com essa população.

MARIA AMÉLIA ALMEIDA
Docente e pesquisadora
da Universidade Federal de São Carlos

"Aqueles que seguirem todas essas orientações terão condições de torná-los independentes e prontos para aprender tantas outras habilidades importantes para suas vidas."

APRESENTAÇÃO

O autismo é um transtorno do desenvolvimento infantil caracterizado por alterações nas interações sociais e na comunicação e pela presença de interesses restritos, fixos e intensos e comportamentos repetitivos[1]. A respeito do tratamento, Intervenções Comportamentais Intensivas têm promovido ganhos significativos no desenvolvimento de pessoas com esse diagnóstico desde a década de 1980[2].

Considera-se como "Intervenção Comportamental Intensiva" os modelos de intervenção compostos por estimulação individualizada (um educador para uma pessoa com autismo), realizados por 15 a 40 horas semanais, por pelo menos dois anos consecutivos, que abrangem várias áreas do desenvolvimento simultaneamente (ex.: socialização, linguagem, cognição, autocuidados, entre outras) e que são fundamentados em princípios de Análise do Comportamento[3], caracterizados como Análise do Comportamento Aplicada (ABA - *Applied Behavior Analysis*)[4].

A Análise do Comportamento é uma ciência que se interessa pelo estudo das variáveis que afetam os comportamentos[5]. A aplicação dos princípios dessa ciência para a resolução de demandas socialmente relevantes é chamada de Análise do Comportamento Aplicada e não ocorre exclusivamente na área do autismo, mas em âmbitos diversos, como na clínica psicológica, na educação, na economia, no desempenho esportivo, entre outros. Apesar da aplicação da Análise do Comportamento ocorrer em áreas diversas, observa-se um crescimento mais expressivo desse tipo de intervenção na área do autismo, especialmente no formato de Intervenção Comportamental Intensiva[6].

O primeiro estudo científico sobre Intervenção Comportamental Intensiva aplicada ao tratamento do autismo foi publicado na década de 1980[7] por Lovaas. Nessa pesquisa três grupos de crianças com autismo, que tinham idades abaixo de 4 anos no início do estudo, foram avaliados. O grupo experimental, composto por 19 crianças, foi exposto à Intervenção Comportamental Intensiva, com um educador para cada criança, por 40 horas semanais ou mais, por dois ou mais anos consecutivos. O tratamento consistiu no ensino simultâneo de habilidades em diversas áreas (ex.: comunicação, interação social, imitação, autocuidados) visando melhorar o desenvolvimento das crianças. Um grupo controle, composto por 19 crianças, recebeu intervenção comportamental mínima, por 10 horas semanais ou menos; um segundo grupo controle era composto por 21 participantes que foram tratados em outros centros de atendimento que não realizavam intervenção comportamental ou outro tipo de intervenção intensiva. Os resultados indicaram que 47% das crianças expostas à Intervenção Comportamental Intensiva tiveram redução significativa dos sintomas de autismo, apresentando desenvolvimento próximo ao esperado para a idade cronológica (próximo ao de uma criança

1 AMERICAN PSYCHIATRIC ASSOCIATION, 2013.
2 BOYD; CORLEY, 2001; CAMPBELL et al., 1987; DAWSON et al., 2010; LOVAAS, 1987; SMITH, 1999; WARREN et al., 2011
3 GREEN, 1996.
4 BAER; WOLF; RISLEY, 1987.
5 TODOROV; HANNA, 2010.
6 VIRUÉS-ORTEGA, 2010.
7 LOVAAS, 1987.

típica, sem autismo); 42% tiveram uma redução acentuada dos sintomas; e 11% continuaram com sintomas graves de autismo. Crianças do grupo controle que receberam intervenção comportamental mínima, obtiveram resultados muito diferentes: 2% apresentaram desenvolvimento próximo ao típico, 45% tiveram uma redução dos sintomas e 53% continuaram com sintomas graves de autismo. As crianças do outro grupo controle, que foram tratadas em outros centros de atendimento e que não realizavam intervenção comportamental ou intensiva, também apresentaram resultados muito aquém dos obtidos pelas crianças do grupo experimental. Os dados gerais indicaram que aproximadamente 90% das crianças que fizeram Intervenção Comportamental Intensiva apresentaram melhora no desenvolvimento e metade das crianças apresentou desenvolvimento próximo ao típico. Em estudo subsequente, realizado quando as crianças tinham aproximadamente 12 anos, constatou-se a manutenção desses resultados[8] .

Após o estudo pioneiro do Lovaas, dezenas de outros estudos de qualidade, publicados em revistas científicas sérias, indicaram a efetividade desse tipo de intervenção, utilizando educadores diferentes (estudantes, profissionais e familiares) e em contextos múltiplos (instituições especializadas, escolas e a residência das crianças). Esse conjunto de estudos indicou, de maneira geral, melhora no desenvolvimento das pessoas com autismo após realizarem a Intervenção Comportamental Intensiva, inclusive quando se compara esse tipo de intervenção com outros tipos de terapias não intensivas ou não fundamentadas na Análise do Comportamento. Isso significa que não há dúvidas de que as Intervenções Comportamentais Intensivas produzem os melhores resultados para o tratamento do autismo, até o presente momento. Dessa maneira, se o profissional quiser realmente produzir os melhores resultados com uma pessoa com autismo, ele deve necessariamente se preocupar em oferecer intervenções que sejam individualizadas, abrangentes, intensivas e comportamentais[9] .

A literatura científica denomina as Intervenções Comportamentais Intensivas pelo termo em inglês "comprehensive models" ou modelos de tratamento abrangentes. Há diversos modelos desse tipo de intervenção e os mais famosos certamente são o "Lovaas Model" e o "Early Start Denver Model" (sim, o modelo de Denver também é ABA!)[10] . O fato de existirem modelos diferentes para se fazer intervenção intensiva indica que cada modelo tem suas próprias características, mas que todos apresentam em comum as seguintes propriedades que os tornam efetivos: estimulação individualizada, realizada por 15 a 40 horas semanais, por pelo menos dois anos consecutivos, que abrange várias áreas do desenvolvimento simultaneamente e que é fundamentada em Análise do Comportamento.

Nessa perspectiva, o Centro de Estudos e Intervenção para o Desenvolvimento Humano (CEI), instituição brasileira especializada no trabalho com pessoas com autismo, vem desenvolvendo, desde 2008, seu modelo de Intervenção Comportamental Intensiva, seguindo todo o rigor necessário a esse tipo de intervenção, mas também considerando as necessidades e especificidades da

8 MCEACHIN; SMITH; LOVAAS, 1993.
9 AIELLO, 2002.
10 ROMANCZYK; MCEACHIN, 2016.

população brasileira. Além de desenvolver o "modelo CEI" de intervenção intensiva, nós do CEI também temos trabalhado fortemente na produção de dados científicos para medir e avaliar os efeitos da aplicação dos nossos procedimentos e protocolos no desenvolvimento de crianças brasileiras com autismo.

Atualmente temos três estudos científicos, publicados em revistas científicas de qualidade, que indicaram dados bastante positivos a respeito do modelo CEI de intervenção intensiva. No primeiro estudo, Gomes e colaboradores[11] avaliaram os efeitos do primeiro ano de Intervenção Comportamental Intensiva no desenvolvimento de nove crianças com autismo, com idades entre 1 ano e 3 meses e 2 anos e 11 meses, atendidas pelo CEI. A intervenção, conduzida por aproximadamente 15 horas semanais, foi realizada na residência dos participantes por meio da capacitação dos cuidadores. As crianças foram avaliadas no início e ao término da intervenção. Os dados foram analisados individualmente e os resultados indicaram ganhos no desenvolvimento de todas as crianças. No segundo estudo, Gomes e colaboradores[12], utilizando um delineamento de grupo, avaliaram os efeitos desse tipo de intervenção, realizada por meio da capacitação de cuidadores, no desenvolvimento de crianças com autismo e compararam as crianças que realizaram a intervenção com crianças que não realizaram. Os participantes foram atribuídos a dois grupos: o Grupo 1 era composto por 22 crianças que finalizaram o primeiro ano de intervenção intensiva e o Grupo 2 era composto por 11 crianças que não fizeram a intervenção intensiva. Os resultados indicaram ganhos significativos em todas as áreas do desenvolvimento das crianças com autismo que passaram pelo primeiro ano de Intervenção Comportamental Intensiva, enquanto as crianças do grupo sem intervenção intensiva apresentaram ganhos menos expressivos. Crianças mais novas, que falavam e que apresentavam sintomas mais brandos de autismo, obtiveram resultados melhores. No terceiro trabalho, Andalécio e colaboradores[13] apresentaram um estudo de caso único e descreveram a aplicação do modelo CEI de Intervenção Comportamental Intensiva, realizado por meio da capacitação dos cuidadores, com uma criança com autismo gravemente comprometida e não falante. A intervenção ocorreu por 40 horas semanais em ambiente domiciliar e escolar, ao longo de cinco anos consecutivos. Instrumentos padronizados foram utilizados para medir o desenvolvimento da criança. Os resultados gerais indicaram ganhos no desenvolvimento da criança e a viabilidade da capacitação dos cuidadores para esse tipo de intervenção. Para mais informações, sugerimos que você leia esses artigos, que podem ser facilmente encontrados na internet.

Em 2016 publicamos nosso primeiro livro intitulado *Ensino de Habilidades Básicas para Pessoas com Autismo: manual para Intervenção Comportamental Intensiva*[14], composto pela descrição dos procedimentos e dos protocolos utilizados no CEI para o ensino de habilidades básicas, no contexto da intervenção intensiva. O livro foi produzido com a intenção de compartilhar com a comunidade as nossas práticas e auxiliar pais e profissionais na implementação da intervenção intensiva. O livro é uma espécie de "volume 2" e pretende auxiliar no ensino de habilidades de

11 GOMES; DE SOUZA SILVEIRA; OLIVEIRA, 2017.
12 GOMES et al., 2019.
13 ANDALÉCIO et al., 2019.
14 GOMES; SILVEIRA, 2016.

autocuidados, no contexto da Intervenção Comportamental Intensiva.

Habilidades de autocuidados constituem-se em um conjunto de comportamentos necessários às atividades que envolvem cuidados consigo mesmo, que estão presentes na rotina de qualquer pessoa e que abrangem ações como tomar banho, escovar os dentes ou alimentar-se. Aprender esse tipo de habilidade é importante para o desenvolvimento motor, cognitivo, social e para a independência. Pessoas com autismo que não apresentam um bom repertório de habilidades de autocuidados certamente precisarão sempre de um cuidador, o que pode comprometer a qualidade de vida da pessoa com autismo e de sua família.

Este livro apresenta um *Currículo de Habilidades de Autocuidados* composto por 38 programas de ensino. Ele foi planejado para auxiliar pais e profissionais a ensinar habilidades de autocuidados a crianças com autismo de maneira eficiente e intensiva. O livro também pode ser utilizado para ensinar adolescentes e adultos com autismo, com as devidas adaptações necessárias a cada idade. Outro aspecto importante é que o currículo deste livro pode e deve ser administrado junto ao currículo de habilidades básicas apresentado em 2016, a fim de otimizar os resultados.

Desejamos a você um ótimo trabalho e que este material possa contribuir com o desenvolvimento de muitas pessoas com autismo!

SUMÁRIO

1

HABILIDADES DE AUTOCUIDADOS

1.1 APRENDIZAGEM DE HABILIDADES DE AUTOCUIDADOS

As habilidades de autocuidados constituem-se em um conjunto de comportamentos necessários às atividades que envolvem cuidados consigo mesmo, que estão presentes na rotina de qualquer pessoa e que abrangem ações como tomar banho, escovar os dentes ou alimentar-se. Por tratar-se de atividades rotineiras, é comum que as pessoas não se atentem ao processo de aprendizagem dessas habilidades, que são importantes para o desenvolvimento motor, cognitivo, social e para a independência.

A aprendizagem de habilidades de autocuidados é um processo que se inicia na infância e se estende por muitos anos; ao nascer, o bebê é completamente dependente dos cuidados de um adulto que é o responsável por alimentá-lo e fazer toda a higiene, porém, à medida que a criança cresce, ela tende a se tornar cada vez mais independente e espera-se que aos 6 anos de idade ela seja capaz de alimentar-se, utilizar o banheiro, tomar banho e escovar os dentes sem ajudas de um cuidador (familiares, babás ou educadores) ou com ajudas mínimas.

Habilidades de autocuidados são complexas, pois são compostas por muitos comportamentos. Por exemplo, um "simples" ato de calçar meias envolve os seguintes comportamentos: sentar-se, colocar uma perna sobre a outra, pegar o cano da meia com as duas mãos, achar o lado correto (calcanhar para baixo), encaixar o cano da meia nos dedos do pé, puxar a meia até o meio do pé, puxar a meia até o calcanhar, arrumar a meia no tornozelo e repetir o procedimento com o outro pé de meia[15]. Dessa maneira, o ensino desse tipo de habilidade exige o foco em cada um dos comportamentos envolvidos na atividade, assim como o foco na atividade como um todo, até que o aprendiz possa realizá-la sem auxílio. Os cuidadores (familiares, babás ou educadores) têm um papel fundamental no processo de aprendizagem de habilidades de autocuidados, pois são eles quem podem aumentar ou diminuir as ajudas oferecidas ao aprendiz na realização das atividades, aumentando ou não a autonomia. Contudo, é comum que os cuidadores não saibam avaliar o que e como fazer e muitas vezes acabam fazendo pelo aprendiz, privando-os de oportunidades ricas de aprendizagem, não só de habilidades de autocuidados, mas também motoras, cognitivas e emocionais. Além disso, é comum os cuidadores acharem que a criança é "muito nova" para aprender algumas habilidades ou que essas habilidades aparecerão de forma "espontânea", com o passar do tempo.

Algumas habilidades de autocuidados realmente dependem do desenvolvimento motor e cognitivo da criança para serem aprendidase e, nesse caso, a idade da criança influencia fortemente na aprendizagem (ex.: amarrar os sapatos). Porém, mesmo que a idade e o desenvolvimento motor sejam fatores relevantes, se o cuidador não criar oportunidades de aprendizagem no cotidiano, essas habilidades não serão aprendidas "espontaneamente". Além disso, o processo de aprendizagem de muitas habilidades de autocuidados pode durar anos (ex.: tomar banho com independência), exigindo prática diária e persistência.

15 WINDHOLZ, 2016.

Pessoas com autismo podem apresentar dificuldades importantes em aprender habilidades complexas, como aquelas necessárias aos autocuidados, e isso significa que muitas, independentemente do grau de comprometimento e da intensidade dos sintomas, podem precisar de mais tempo para aprender esse tipo de habilidade, se comparadas às pessoas típicas (sem autismo ou qualquer outro tipo de alteração no desenvolvimento). Dessa maneira, é fundamental começar o ensino de habilidades de autocuidados o mais precocemente possível, pois a não aprendizagem efetiva desse tipo de habilidade pode ter como consequência um adulto dependente de cuidadores, podendo comprometer a qualidade de vida da pessoa com autismo, assim como a de sua família. A independência da criança com autismo não só libera os adultos de realizar essas atividades, mas também contribui para o desenvolvimento do sentimento de segurança e de autoconfiança, pois a criança será capaz de ter maior autonomia em ambientes variados, como na escola e em outros ambientes sociais[16] .

1.2 O QUE ESPERAR EM CADA IDADE CRONOLÓGICA

As habilidades de autocuidados são complexas e aprendidas gradativamente. A cada período do desenvolvimento infantil é possível acompanhar a aprendizagem desse tipo de habilidade, começando sempre das mais fáceis e caminhando gradativamente para as mais difíceis. O ritmo de aprendizagem pode variar de criança para criança e depende de múltiplos fatores (ex.: genéticos, físicos, sociais, emocionais, entre outros), especialmente da quantidade e da qualidade das oportunidades de aprendizagem que o ambiente oferece à criança. Nesse sentido, a estimulação adequada é extremamente importante para que a aprendizagem efetiva aconteça.

Quando o bebê nasce, ele é incapaz de se cuidar sem o auxílio de um cuidador, que será o responsável por todas as atividades de autocuidados, como dar banho, trocar a fralda, alimentar ou cortar as unhas da criança. Esse auxílio integral do cuidador se estende até aproximadamente o sexto mês de vida, época na qual a criança começará a participar mais ativamente das atividades de autocuidados; na hora do banho o bebê baterá as mãos e os pés na água demonstrando satisfação, conseguirá esticar os braços e pernas ao ser vestido e retirará sapatos e meias esfregando um pé no outro. Também começará a comer alimentos diferentes, segurará a mamadeira com pouco auxílio e levará alimentos à boca com a própria mão.

No período entre 1 e 3 anos, a criança ganhará maior autonomia. No primeiro ano, ela será capaz de levar a colher até a boca (inicialmente com pouca precisão, que melhorará progressivamente), sugará líquidos com canudo, aceitará a escova de dentes na boca, auxiliará na retirada de roupas simples, entre outras habilidades. No segundo ano, ela conseguirá manusear colher e garfo para fincar, beberá em copo sem tampa com pouco auxílio, tentará vestir-se, embora possa colocar a blusa pelo avesso e os sapatos trocados, tentará escovar os dentes seguindo o modelo de um adulto, conseguirá lavar e secar as mãos com auxílio, colaborará durante o banho, especialmente nas partes do corpo que ela já identifica, conseguirá identificar e avisar a necessidade de ir ao banheiro, mesmo sendo tarde demais. No terceiro ano, a criança conseguirá alimentar-se sozinha com a colher, utilizará o garfo não só para fincar alimentos, mas também para juntar os alimentos, levar à boca e para cortar alimentos macios, será

16 WINDHOLZ, 2016.

capaz de servir líquidos de uma garrafa pequena em um copo, pegará água no filtro com independência, usará guardanapo, gostará de escolher a roupa que irá vestir, terá destreza para vestir-se com pouca ajuda, já conseguirá identificar o lado correto de algumas peças de roupa, poderá fazer xixi e cocô quando colocada no vaso sanitário, avisará quando quiser ir ao banheiro e ao dormir durante o dia permanecerá seca.

No período entre 4 e 6 anos, a criança vai deixando de ser coadjuvante e passa a ser protagonista nas atividades de autocuidados; isso significa que o auxílio do cuidador vai diminuindo gradativamente. Aos 4 anos ela será capaz de servir o alimento com auxílio e limpar quando derramar, utilizará os talheres adequados para se alimentar e usará a faca para espalhar o alimento, conseguirá abotoar e desabotoar botões de tamanhos variados, encaixar zíper em sua terminação, apertar e afrouxar cintos ou fivelas de roupas e calçados, lavar as mãos e o rosto com independência, limpar e assoar o nariz sem ser lembrada, tomar banho sozinha (precisando de auxílio apenas para lavar partes mais difíceis como as costas), pentear os cabelos e escovar os dentes ao receber instrução verbal. Entre 5 e 6 anos poderá servir líquidos e usar a faca com independência, abrirá embalagens e conseguirá preparar alimentos simples, terá condições de ser responsável por tarefas diárias e semanais em casa (ex.: arrumar a própria cama), conseguirá enfiar o cadarço e amarrar o tênis, será capaz de selecionar roupas adequadas às diversas ocasiões, estará independente em banho e vestuário, terá o controle total dos esfíncteres (xixi e cocô) e participará de todos os passos no uso do banheiro, incluindo limpar-se. A partir dos 6 anos de idade, as habilidades da criança vão se refinando a cada dia, com ganhos de qualidade e agilidade na realização das atividades de autocuidados, diminuindo consistentemente a necessidade de auxílio de cuidadores.

O processo gradativo de aprendizagem de habilidades de autocuidados que observamos nas crianças de desenvolvimento típico pode não acontecer de maneira tão "natural" e "fluida" com as crianças com autismo; nesse caso, precisamos de estratégias diferentes para ensiná-las, de modo que consigam atingir o máximo de independência possível, o que será muito importante para garantir uma vida adulta com mais autonomia, qualidade de vida e menos auxílio de cuidadores.

1.3 QUANDO ENSINAR HABILIDADES DE AUTOCUIDADOS?

O educador que pretende ensinar habilidades de autocuidados para um aprendiz com autismo deve se atentar para dois aspectos: 1. Quais são as habilidades esperadas para a idade cronológica da pessoa com autismo, ou seja, o que a maioria das pessoas típicas de mesma idade já são capazes de fazer; e 2. O que o meu aprendiz com autismo já faz. Deve-se considerar habilidades de autocuidados nas áreas de alimentação, higiene pessoal, vestuário e uso do banheiro. Se o aprendiz com autismo faz menos do que é esperado para a idade cronológica, então você deve iniciar o ensino desse tipo de habilidade imediatamente. É importante ressaltar que dificuldades na aprendizagem de habilidades de autocuidados não são específicas de pessoas com autismo gravemente comprometidas, que não falam e que apresentam baixa compreensão social; há muitas pessoas com autismo leve, falantes, que sabem ler, escrever e fazer contas, mas que não conseguem, por exemplo, tomar banho com qualidade e independência.

1.4 AVALIANDO AS HABILIDADES DE AUTOCUIDADOS

Há instrumentos padronizados e adaptados para a população brasileira que conseguem medir as habilidades de autocuidados de pessoas com autismo. Exemplos desse tipo de instrumento são: o Inventário Portage Operacionalizado-IPO[17] e o Inventário de Avaliação Pediátrica de Incapacidade-PEDI[18].

O IPO é destinado a avaliar o padrão de desenvolvimento infantil em cinco áreas: linguagem, socialização, desenvolvimento motor, cognição e autocuidados, em períodos de idade que vão de 0 a 6 anos. O PEDI é um instrumento que pode ser aplicado em crianças de 6 meses a 7 anos e 11 meses (crianças maiores podem ser avaliadas desde que o desempenho funcional delas esteja dentro dessa faixa etária) e mede três áreas funcionais: autocuidado, mobilidade e função social. Além disso, fornece também dados a respeito do nível de assistência dos cuidadores. Esses instrumentos são importantes porque oferecem uma medida mais objetiva a respeito do que o aprendiz com autismo consegue fazer ou não, auxiliando o educador, de maneira mais específica, a identificar quais são as habilidades que ele deverá ensinar para a pessoa com autismo. É importante ressaltar que a aplicação desses instrumentos deve ser feita obrigatoriamente por profissionais especializados e capacitados para a aplicação (psicólogos, terapeutas ocupacionais, fonoaudiólogos, entre outros).

Uma outra maneira, mais informal, de avaliar as habilidades de autocuidados de pessoas com autismo é por meio da observação direta do comportamento, durante a realização da atividade que se deseja ensinar. Por exemplo: se o objetivo é verificar se a criança consegue comer sozinha utilizando uma colher, o educador pode colocar o prato de comida com a colher na frente da criança e observar o que ela consegue fazer sozinha; se pega na colher, se direciona para o alimento, se consegue colocar o alimento na colher, se leva a colher à boca, entre outros comportamentos. A partir daí o educador conseguirá verificar quais são os comportamentos que a criança apresenta e quais precisam ser ensinados. O mesmo deve ser feito para qualquer outra habilidade que se deseja ensinar. Após avaliar a pessoa com autismo e eleger quais as habilidades que serão ensinadas, deve-se definir em quais momentos e de que maneira essas habilidades serão ensinadas.

1.5 ENSINANDO HABILIDADES DE AUTOCUIDADOS

O educador que vai ensinar habilidades de autocuidados deve considerar cinco aspectos fundamentais: a idade do aprendiz, a habilidade que vai ser ensinada, o ambiente no qual a atividade será realizada, as adaptações ambientais que serão necessárias e o momento no qual a atividade será realizada.

Descrevemos anteriormente que as habilidades de autocuidados são complexas porque são compostas por muitos comportamentos. Dessa maneira, o educador deve ficar atento à quantidade de comportamentos necessários para que o aprendiz consiga executar uma determinada atividade sozinho. Deve-se priorizar o ensino de comportamentos mais fáceis antes dos mais difíceis. O aumento da dificuldade da atividade e do nível de exigência do educador deve ocorrer paulatinamente. Procedimentos de ajuda podem e devem ser utilizados e o educador deve diminuir as ajudas gradativamente.

17 WILLIAMS; AIELLO, 2001.
18 MANCINI, 2005.

Observe, por exemplo, a habilidade de comer utilizando talheres. Utilizar a colher é mais fácil do que utilizar o garfo, por isso deve-se ensinar primeiro o uso da colher e posteriormente o uso do garfo. A habilidade de comer com a colher é composta por vários comportamentos: pegar a colher, direcionar até a comida, pegar a comida com a colher, levar a colher com a comida até a boca, comer o alimento, voltar com a colher para o prato e iniciar novamente o ciclo. O aprendiz pode necessitar de níveis de ajudas diferentes para cada um dos comportamentos, como ajuda total para colocar a comida na colher e ajuda parcial para levar a colher até a boca.

1.6 PROCEDIMENTOS DE AJUDA

No início do processo de aprendizagem o educador pode e deve ajudar o aprendiz para que ele consiga realizar a atividade; essas ajudas devem ser retiradas gradativamente, até que o aprendiz seja capaz de realizar a atividade completamente independente. Durante o processo de ensino o educador pode recorrer a "tipos de procedimentos de ajuda" diferentes, independentes ou associados, que serão especificados a seguir:

1) AJUDA FÍSICA TOTAL: o aprendiz não demonstra iniciativa para realizar a atividade e parece não compreender o que deve ser feito; o cuidador auxilia fisicamente, fazendo com o aprendiz todas as ações necessárias. Por exemplo, no ensino do uso da colher, o educador pega na mão do aprendiz e faz com ele todos os movimentos necessários para que o aprendiz pegue a comida com a colher e a leve até a boca.

2) AJUDA FÍSICA PARCIAL: o aprendiz demonstra alguma iniciativa para realizar a atividade, mas não consegue realizá-la completamente; o cuidador auxilia fisicamente e parcialmente na realização da ação. Por exemplo, no ensino do uso da colher, o aprendiz é capaz de levar a colher à boca, porém não consegue colocar a comida na colher; o educador auxilia fisicamente apenas no momento de colocar a comida na colher.

3) DICAS/DEMONSTRAÇÕES: o aprendiz demonstra bastante iniciativa para realizar a atividade, mas em alguns momentos precisa de alguma intervenção; o cuidador pode mostrar para a criança como ela deve fazer ou oferecer pequenas dicas, como apontar para aspectos específicos da atividade. Por exemplo, no ensino do uso da colher, o aprendiz é capaz de fazer bastante coisa, porém o educador pode fazer pontuações bem específicas para que a criança não deixe a comida cair da colher ou mesmo pode mostrar para o aprendiz como ele deve empurrar a comida do canto para o centro do prato para que não caia na mesa.

4) AJUDA VERBAL: para que o aprendiz faça a atividade é necessário que o educador fale todos ou alguns passos da atividade. Por exemplo, no ensino do uso da colher, o educador pode falar instruções como "pegue a colher" ou "coloque no prato".

1.7 LOCAL, ADAPTAÇÕES E IDADE CRONOLÓGICA

As habilidades de autocuidados devem ser ensinadas em ambiente natural, preferencialmente nos momentos nos quais as atividades tipicamente acontecem na rotina do aprendiz. Isso significa que as habilidades de banho serão ensinadas no momento do banho do aprendiz e no local que ele tipicamente toma banho.

Adaptações ambientais, como o uso de tapetes antiderrapantes para o banho ou engrossadores para os talheres, podem ser de grande auxílio para algumas pessoas com autismo. A assistência de um terapeuta ocupacional para identificar quais adaptações são necessárias para melhorar o desempenho do aprendiz é de extrema importância, uma vez que esse profissional está apto para avaliar e selecionar as adaptações adequadas para cada pessoa. Exemplos de adaptações ambientais para facilitar o ensino de habilidades de autocuidados serão apresentados em capítulos posteriores.

Outro aspecto importante é a idade cronológica do aprendiz; não se pode exigir uma determinada habilidade de uma criança que ainda não apresenta condições motoras para executá-la. Por exemplo, amarrar os sapatos é uma habilidade difícil que exige refinamento e planejamento motor; é inviável ensinar uma criança de 2 anos a amarrar os sapatos justamente porque ela ainda não tem condições motoras para fazer isso. Considerando esse aspecto, o educador deve ficar atento e avaliar se as habilidades a serem ensinadas estão adequadas à idade cronológica da criança. Nos capítulos seguintes você encontrará referências a respeito de quais comportamentos são esperados para cada área de habilidades de autocuidados, no período entre 1 e 6 anos de idade.

1.8 PONTOS IMPORTANTES

A seguir estão alguns pontos fundamentais que o educador deve se atentar ao ensinar habilidades de autocuidados:

1) Para que o aprendiz aprenda é necessário que ele tenha oportunidades de realizar a atividade; uma pessoa com autismo que não tem a chance de pegar na colher nunca vai aprender a comer sozinha, então permita que o aprendiz tenha acesso à atividade.

2) A aprendizagem de uma habilidade nova envolve acertos, erros, repetição e tempo; não espere que uma pessoa que nunca comeu sozinha aprenda a comer no primeiro dia de ensino. Você precisa repetir, repetir e repetir; as habilidades são complexas e demandam tempo para serem aprendidas. Observe uma criança típica aprendendo a tomar banho; ela demora anos para conseguir tomar banho sozinha e com qualidade.

3) Ofereça ajudas ao aprendiz durante o processo de ensino e retire as ajudas gradativamente até que ele consiga realizar a atividade de maneira independente. Quando o cuidador não retira ou demora para retirar as ajudas durante a realização das atividades, o aprendiz fica dependente desse auxílio e não conseguirá a independência e a autonomia esperada.

4) Planeje o ensino, seja paciente e persistente. Calçar meias e sapatos em uma criança é muito mais fácil e rápido do que ensiná-la a fazer isso. Porém, avalie bem essa situação: se você não ensinar, a criança não vai aprender e se ela não aprender, você terá que calçar meias e sapatos nela por toda a vida e em todos os contextos. Imagine uma mãe de 80 anos calçando sapatos e meias no seu filho com autismo de 50 anos todos os dias do ano... É uma tarefa bem difícil! Ensinar habilidades de autocuidados aumenta a independência da pessoa com autismo e melhora a qualidade de vida dela e da família.

5) Comece o ensino de habilidades de autocuidados o mais cedo possível: por tratar-se de habilidades complexas, muitas crianças com autismo podem demorar demasiadamente para aprender.

6) Priorize o ensino de habilidades de autocuidados. Essas habilidades abrangem comportamentos fundamentais para a autonomia e para a independência; sem um bom repertório de habilidades de autocuidados a pessoa será sempre dependente de um cuidador. Imagine uma criança com autismo que sabe falar, ler, escrever e fazer contas, mas que não consegue se limpar após usar o vaso sanitário; ela continuará dependendo de um cuidador.

7) Pessoas com autismo podem demonstrar pouco interesse e iniciativa em atividades que envolvem habilidades de autocuidado, por isso é necessário estimular a participação delas mesmo quando não demonstram interesse em auxiliar ou em realizar as atividades do dia a dia.

8) Pessoas com autismo aprendem, desde que estratégias de ensino adequadas sejam utilizadas. Quando se tem os objetivos definidos e os procedimentos de ensino apropriados, a pessoa com autismo conseguirá manter-se participativa e atenta na atividade, o que favorecerá o aprendizado.

Nos próximos capítulos descreveremos estratégias estruturadas para o ensino efetivo de habilidades de autocuidados para pessoas com autismo.

2

ANÁLISE DO COMPORTAMENTO APLICADA AO ENSINO DE HABILIDADES DE AUTOCUIDADOS

A análise do comportamento é uma ciência que se interessa pelo estudo dos aspectos que afetam os comportamentos, no sentido de tentar compreender quais são os fatores ou estímulos que contribuem para que alguém faça alguma coisa ou deixe de fazer aquilo que vinha fazendo[19].

Fazer ou deixar de fazer coisas são características do processo de aprendizagem e no âmbito do ensino de habilidades de autocuidados, por exemplo, queremos que uma pessoa com autismo faça xixi no vaso e pare de fazer xixi na própria roupa. Dessa maneira, os princípios da análise do comportamento podem auxiliar muito no ensino desse tipo de habilidade para pessoas com autismo.

O objetivo deste capítulo é descrever, de maneira mais simples e didática, como alguns princípios da análise do comportamento, mais especificamente do comportamento operante, podem auxiliar no ensino das habilidades de autocuidados. É importante ressaltar que este livro não irá capacitar você em análise do comportamento; para isso é necessária uma formação mais ampla. Para informações mais detalhadas a respeito da análise do comportamento, sugerimos que você aprofunde a leitura em publicações especializadas na área[20].

2.1 ENTENDENDO O CONTEXTO EM QUE UM COMPORTAMENTO ACONTECE

Observe a Figura 1: a mãe se aproxima da criança com uma toalha de banho nas mãos, indicando que provavelmente conduzirá a criança para o banho; vendo a aproximação da mãe, a criança se joga ao chão e começa a chorar, caracterizando uma birra; na sequência, a mãe, portando a toalha, se afasta da criança, desistindo de conduzi-la ao banho.

FIGURA 1- CONTINGÊNCIA

19 TODOROV; HANNA, 2010.
20 MOREIRA; MEDEIROS, 2007; MARTIN; PEAR, 2009.

Nessa situação é possível perceber três aspectos importantes:

1. O que a criança FEZ;

2. O que aconteceu ANTES da criança fazer alguma coisa; e

3. O que aconteceu DEPOIS que a criança fez alguma coisa.

O que a criança fez nós chamamos de resposta em análise do comportamento; o que aconteceu antes da resposta chamamos de antecedentes e o que aconteceu depois da resposta chamamos de consequências. Resposta é um aspecto do organismo. Antecedentes e consequências são estímulos, que, por sua vez,são aspectos do ambiente. O contexto no qual isso tudo acontece nós chamamos de contingência. Dessa maneira, uma contingência engloba uma relação entre aspectos do organismo e do ambiente e é composta por antecedentes, resposta e consequências, nessa sequência.

O conceito de contingência é fundamental, pois toda vez que o educador vai analisar uma situação de ensino ele deve considerar qual é a resposta do aprendiz, quais são os antecedentes e quais são as consequências. Ensinar uma nova habilidade significa manejar esses aspectos da contingência; alterar antecedentes pode aumentar ou diminuir a probabilidade de que o aprendiz faça alguma coisa; alterar consequências pode contribuir para o fortalecimento ou enfraquecimento de uma resposta que aconteceu anteriormente.

2.2 ALTERANDO ANTECEDENTES

A Figura 2 apresenta duas situações distintas: na primeira é apresentado à criança um prato com alimentos que ela gosta e na segunda um prato com alimentos que ela não gosta. Em qual das duas situações provavelmente a criança se sentirá mais motivada a comer? Provavelmente na primeira, em função da presença, no antecedente, de alimentos que são mais interessantes para essa criança específica.

Os antecedentes podem aumentar ou diminuir a probabilidade de que uma determinada resposta aconteça. A importância de se observar os antecedentes está justamente no fato de que o manejo desse aspecto da contingência pode afetar a probabilidade de ocorrência ou não de uma determinada resposta. Isso é fundamental para o planejamento de uma atividade que pretende ensinar habilidades de autocuidados, pois dependendo da maneira como você apresenta a atividade, pode aumentar ou diminuir a probabilidade de que a criança engaje na tarefa. Por outro lado, você pode atentar para os antecedentes também no sentido de prevenir a ocorrência de respostas indesejadas; para uma criança que demonstra dificuldades em comer, apresentar um prato com alimentos que não são da preferência dela pode deixá-la pouco disposta a engajar na atividade.

FIGURA 2- ANTECEDENTES

2.3 ALTERANDO CONSEQUÊNCIAS

Outro aspecto importante da contingência são as consequências. Observe a Figura 3: a primeira criança pega a comida com as mãos (resposta) e na sequência a mãe lhe entrega o talher e a incentiva a tentar pegar a comida novamente (consequência). A segunda criança faz a mesma coisa que a primeira, porém a mãe a repreende veementemente. O fato de a mãe ter incentivado ou repreendido pode

FIGURA 3- CONSEQUÊNCIAS

influenciar a resposta futura da criança; em uma situação seguinte, a criança que foi incentivada provavelmente engajará novamente na atividade de alimentação e a que foi repreendida provavelmente não.

As consequências podem ter dois efeitos sobre uma determinada resposta: ou a pessoa faz novamente aquilo que fez anteriormente ou deixa de fazer aquilo que fez.

Quando as consequências que aumentam a probabilidade de uma determinada resposta acontecem novamente nós chamamos de reforço. Consequências que diminuem a probabilidade de ocorrência de uma determinada resposta chamamos de punição. É possível perceber se uma resposta foi reforçada ou punida da seguinte maneira: se a pessoa faz alguma coisa agora e posteriormente faz de novo, possivelmente a resposta foi seguida de reforço, porém se a pessoa faz alguma coisa agora e deixa de fazer aquilo que fez anteriormente, provavelmente a resposta foi punida.

O que reforça ou pune uma determinada resposta pode variar de uma pessoa para outra e de um contexto para outro. Não existem itens que são sempre reforçadores ou punitivos para todas as pessoas em todas as situações. Um determinado alimento pode ser reforçador para uma criança engajar em uma atividade de alimentação, porém pode ser punitivo para outras. O mesmo alimento que foi reforçador para a criança em um determinado momento pode deixar de ser reforçado, após a criança comer exclusivamente esse alimento por um longo período. Dessa maneira, o critério para considerar se algo é reforçador ou punitivo é se a resposta acontece novamente ou se ela cessa.

2.4 POSITIVO E NEGATIVO

A análise do comportamento utiliza os termos "positivo" e "negativo" para diferenciar tipos de consequências reforçadoras e punitivas. Dessa maneira, há reforço positivo e reforço negativo, assim como punição positiva e punição negativa. Culturalmente tendemos a associar os termos positivo a algo bom e negativo a algo ruim. Porém, em análise do comportamento, positivo e negativo não se referem necessariamente a algo bom ou ruim; positivo significa acréscimo de algum estímulo na contingência e negativo significa retirada de algum estímulo.

2.5 ESTÍMULOS AVERSIVOS E NÃO AVERSIVOS

Podemos separar os estímulos, de maneira didática, em dois grupos; o primeiro grupo engloba estímulos que nos trazem satisfação, alegria, prazer, bem-estar e que nos motivam a continuar fazendo aquilo que vínhamos fazendo; o segundo grupo engloba estímulos, chamados de "aversivos", que influenciam o nosso comportamento no sentido de evitá-los ou de ficar livre deles, ou seja, podemos fazer coisas ou deixar de fazê-las para não ter contato com o estímulo aversivo. Uma criança pode se sentir motivada a entrar no banho porque a água é um estímulo que traz satisfação para ela. Outra criança pode correr da escovação de dentes para não ter contato com o estímulo aversivo que é a escova de dentes; outra possibilidade é essa mesma criança escovar os dentes rapidamente para ficar livre do estímulo aversivo escova de dentes.

É importante ressaltar que o efeito dos estímulos sobre o comportamento depende de muitos aspectos, como, da história de vida da pessoa e de variáveis do contexto atual. Dessa maneira, um estímulo pode trazer satisfação e alegria em um momento, mas pode se tornar um estímulo aversivo em outro. Por exemplo, para quem gosta de chocolates e está há um tempão sem comer chocolates, ganhar uma caixa deles pode trazer alegria e satisfação e muita vontade de comer. Porém, após comer muito e passar mal, ganhar uma nova caixa de chocolates não traz mais alegria, satisfação ou vontade de comer; ao contrário, a pessoa tende a evitar o consumo de chocolates, pois esses tornaram-se aversivos.

2.6 REFORÇO POSITIVO E REFORÇO NEGATIVO

Quando uma determinada resposta se repete é porque essa resposta foi reforçada, ou seja, foi seguida por consequências reforçadoras. Nesse sentido, quando uma pessoa faz novamente algo que fez anteriormente, duas coisas podem estar envolvidas na repetição dessa resposta: ou a pessoa faz em decorrência de algum ganho anterior (acréscimo de um estímulo) ou a pessoa faz para evitar ou fugir de alguma coisa desagradável (retirada de um estímulo aversivo).

Quando uma determinada resposta se repete em função de uma consequência que promove acréscimo de estímulos, dizemos que provavelmente essa resposta foi reforçada positivamente ou que ela foi seguida de reforço positivo. Quando uma determinada resposta se repete em função de uma consequência que promove a retirada de estímulos aversivos após essa resposta, dizemos que provavelmente essa resposta foi reforçada negativamente ou que ela foi seguida de reforço negativo.

Uma criança pode aceitar escovar os dentes sozinha porque aprendeu que após a escovação de dentes terá acesso ao celular; saberemos se o celular reforça o comportamento de escovar os dentes sozinha se a criança fizer isso de maneira repetida (reforço), em função do ganho do celular (positivo). Por outro lado, uma criança pode aceitar escovar os dentes sozinha porque aprendeu que se não o fizer ficará sem o celular; saberemos se a retirada do celular reforça o comportamento de escovar os dentes se a criança escova de maneira repetida (reforço), em função da probabilidade de perder o celular (negativo).

A importância do reforço, positivo ou negativo, está justamente na repetição de uma determinada resposta. De maneira mais simples, dizemos que alguém aprendeu alguma coisa quando é capaz de emitir uma resposta esperada em um determinado contexto e repetir essa resposta sempre que for necessário. Por exemplo, dizemos que a criança aprendeu a abotoar a calça quando ela é capaz de abotoá-la sempre que for necessário e de preferência em contextos variados.

Apesar de consequências reforçadoras positivas ou negativas produzirem a repetição de uma determinada resposta, há sentimentos diferentes envolvidos nessas contingências. Observe a Figura 4: na primeira situação, a mãe combina com a criança (estímulo antecedente) que se ela comer tudo (resposta) ganhará a sobremesa (consequência); na segunda situação, a mãe solicita à criança (estímulo antecedente) que coma toda a comida (resposta), pois se não o fizer ficará sem a sobremesa (consequência). Nas duas situações a criança comerá, porém os sentimentos envolvidos serão completamente diferentes; na primeira situação, a criança comerá animada e ficará feliz ao término da

FIGURA 4- REFORÇO POSITIVO E REFORÇO NEGATIVO

refeição pelo ganho da sobremesa (contingência de reforço positivo); na segunda, a criança comerá tensa e sentirá alivio ao término da refeição (contingência de reforço negativo). Pensando na aprendizagem de novos comportamentos é fundamental que o educador se atente a esse aspecto do reforço, pois consequências reforçadoras positivas tendem a promover aprendizagens mais agradáveis.

2.7 COMPORTAMENTOS DE FUGA E ESQUIVA

Contingências de reforçamento negativo envolvem a emissão de respostas que podem ter como consequência a retirada de estímulos aversivos do ambiente, ou seja, a pessoa está em contato com estímulos aversivos (ou tem a probabilidade de entrar em contato com estímulos aversivos) e faz (reforço) alguma coisa para evitar ou ficar livre desses estímulos (reforço negativo, pela retirada dos estímulos do ambiente). Em situações como essas, dois comportamentos podem acontecer: fuga ou esquiva.

O comportamento de fuga ocorre quando a pessoa está em contato com estímulos aversivos e faz alguma coisa para ficar livre desses estímulos, ou seja, para retirar os estímulos do ambiente. Já o comportamento de esquiva ou evitação ocorre quando a pessoa ainda não está em contato com os estímulos aversivos (porém há a probabilidade de entrar em contato) e faz algo para evitar esse contato.

A Figura 5 apresenta duas situações que envolvem comportamentos de fuga e de esquiva. Para essa criança, escovar os dentes é algo muito chato, o que sugere que provavelmente toda a situação de escovação envolva estímulos aversivos, que possivelmente influenciarão no comportamento da criança no sentido de evitar ou fugir da escovação. Na primeira situação a criança já está escovando os dentes (já está em contato com o estímulo aversivo) e passa a escovar bem rápido (faz alguma coisa) para ficar livre da escovação (retirada do estímulo aversivo), ou seja, para fugir da escovação. Na segunda situação, a criança ainda não está escovando os dentes, mas há a probabilidade de que ela tenha que escovar os dentes, porém antes mesmo de começar a escovação a criança faz uma birra enorme (reforço) na tentativa de esquivar da escovação (retira o estímulo aversivo).

Os conceitos de fuga e esquiva são muito importantes no ensino de habilidades

FIGURA 5 - FUGA E ESQUIVA

novas e o educador deve ficar atento às situações nas quais o aprendiz apresenta esses comportamentos, pois elas indicam a presença de estímulos aversivos na contingência. Nessas situações, o educador deve se esforçar no sentido de minimizar a presença de estímulos aversivos e ampliar a oferta de estímulos que tragam satisfação e bem-estar, diminuindo assim os comportamentos de fuga e esquiva e aumentando o engajamento do aprendiz na atividade proposta. Por outro lado, aprender alguns comportamentos de fuga e esquiva também pode ser muito importante para a realização de algumas atividades de autocuidados; uma criança pode aprender a soprar a comida quente para esquivar da dor provocada pela queimadura (Figura 6)

2.8 MANEIRAS DE REFORÇAR UMA DETERMINADA RESPOSTA

FIGURA 6 - ESQUIVA

Anteriormente pontuamos que o conceito de reforço é importante para o ensino de novas habilidades, pois consideramos que uma pessoa aprendeu uma determinada habilidade quando é capaz de fazer aquilo que é necessário, sempre que for necessário. Dessa maneira, o educador que vai planejar o ensino de uma determinada habilidade deve planejar também quais reforçadores serão utilizados e como ele vai administrar a disponibilização dessas consequências durante o ensino, pois a maneira como o educador disponibiliza as consequências reforçadoras pode afetar o ritmo da aprendizagem.

O tempo entre a emissão da resposta e a disponibilização da consequência é um aspecto importante para a aprendizagem de novos comportamentos; consequências disponibilizadas de maneira imediata (logo após a resposta, instantâneas) auxiliam o aprendiz a compreender a relação entre o que ele fez e a consequência. Dessa maneira, ao ensinar uma habilidade nova, quanto mais próxima for a apresentação da consequência em relação à emissão da resposta, mais rápida será a aprendizagem.

Observe a Figura 7: nas duas cenas a criança está aprendendo a comer utilizando a colher; na primeira situação, a mãe que está atenta e envolvida no processo de ensino elogia, de maneira imediata, cada tentativa da criança de comer usando a

FIGURA 7 - REFORÇO IMEDIATO E REFORÇO TARDIO

colher; na segunda situação a mãe está ocupada falando ao telefone e demora a elogiar a criança quando ela consegue usar a colher. Como é uma habilidade nova, que a criança está aprendendo agora, muito provavelmente ela aprenderá mais rapidamente na primeira situação do que na segunda. Quando o tempo decorrido entre a resposta e a apresentação do reforço é grande, fica mais difícil para o aprendiz identificar a relação entre esses aspetos da contingência, o que pode dificultar a aprendizagem. Dessa maneira, é importante que o educador fique atento não só ao que é reforçador para o aprendiz, mas também ao momento no qual o reforço, é apresentado.

Outro aspecto importante em relação ao reforço refere-se a quantas vezes a consequência reforçadora deve ser disponibilizada para o aprendiz. Quando se trata da aprendizagem de um comportamento novo é importante que a consequência reforçadora seja apresentada todas as vezes que a resposta acontecer, de maneira contínua (reforço contínuo), para consolidar a aprendizagem. Porém, quando o comportamento estiver consolidado, é importante que o reforçamento seja intermitente (reforço intermitente), ou seja, nem todas as respostas serão seguidas por consequências reforçadoras. Nesse caso, o aprendiz continua emitindo a resposta, pois aprende que apesar da consequência reforçadora não aparecer a todo momento, em algum momento ela aparecerá, o que acaba fortalecendo o comportamento aprendido.

A Figura 8 apresenta situações que envolvem reforçamento contínuo e intermitente. Na primeira situação a criança está aprendendo a fazer xixi no vaso sanitário e é recompensada com uma figurinha a cada vez que ela consegue fazer o xixi. Nesse caso, a recompensa da figurinha a cada xixi no vaso é importante para consolidar a aprendizagem de um comportamento que é novo. Na segunda situação a criança já aprendeu a fazer o xixi no vaso sanitário e eventualmente recebe uma figurinha após fazê-lo. Nesse caso, não há a necessidade de reforçamento contínuo, pois a criança já aprendeu o comportamento, porém é importante manter e fortalecer o comportamento aprendido e para isso o reforçamento intermitente é mais eficiente do que o contínuo.

FIGURA 8 - REFORÇAMENTO CONTÍNUO E REFORÇAMENTO INTERMITENTE

2.9 QUANDO O REFORÇO VAI EMBORA: EXTINÇÃO

Imagine uma criança com autismo que adora escovar os dentes com uma pasta de dentes específica. Podemos considerar que essa pasta de dentes provavelmente reforça positivamente a resposta da criança de escovar os dentes. Em um dado momento a pasta de dentes deixou de ser fabricada e não estava mais disponível no mercado. Diante dessa situação, a mãe passa a comprar outra pasta de dentes e tenta convencer a criança a usá-la, porém essa nova pasta não é suficiente para reforçar o comportamento da criança de escovar os dentes. Com a ausência da pasta de dentes que reforçava o comportamento da criança de escovar os dentes, a mãe começa a ter dificuldades para direcionar a escovação da criança; inicialmente a criança tenta apertar o tubo vazio da pasta antiga diversas vezes, fica irritada e resiste veementemente à escovação até que, em uma situação extrema, para completamente de escovar os dentes.

Essa situação exemplifica a extinção, um processo no qual há a retirada da consequência reforçadora que mantinha uma determinada resposta e que tem como efeito final a diminuição da frequência da resposta (gradativamente a pessoa vai deixando de fazer aquilo que vinha fazendo). No processo de extinção, inicialmente observa-se aumento da frequência da resposta (ex.: a criança tenta apertar o tubo vazio da pasta antiga diversas vezes), variabilidade (ex.: a criança resiste à escovação), respostas emocionais (ex.: a criança fica irritada) e posteriormente a diminuição gradativa da frequência da resposta (ex. a criança para de escovar os dentes).

A extinção é um dos recursos que podem ser utilizados quando se deseja diminuir comportamentos, porém é importante ressaltar que o efeito inicial da extinção pode ser o aumento da frequência da resposta, variabilidade e respostas emocionais, o que pode gerar muitos problemas de comportamento, difíceis de serem administrados. Dessa maneira, é imprescindível que intervenções planejadas para colocar qualquer resposta em extinção ocorram somente com a supervisão de um analista do comportamento. Descrever o processo de extinção neste livro tem a função de alertar o educador em relação a comportamentos que aconteciam e que deixaram de acontecer; nesse caso, o educador deve avaliar se as consequências envolvidas na atividade são suficientes para reforçar a resposta desejada.

2.10 PARADA ABRUPTA DA RESPOSTA: PUNIÇÃO

A parada de uma resposta pode ser bem preocupante quando se está ensinando alguma habilidade nova para um aprendiz com autismo. Imagine que você está ensinando uma criança com autismo a fazer o xixi no vaso sanitário. Você direciona a criança para o vaso sanitário (antecedente), a criança faz o xixi (resposta) e você faz muita festa (consequência). Podemos presumir que o "fazer muita festa" é uma consequência reforçadora para a resposta de fazer xixi se a criança fizer a mesma coisa novamente em situação futura semelhante. Porém, um tempo depois, quando você tenta direcionar a criança novamente para o vaso, ela mostra um pouco de resistência e quando ela começa a fazer o xixi e você começa a fazer festa, ela para abruptamente de fazer o xixi e se afasta do vaso. O que pode ter acontecido é que o "fazer muita festa", ao invés de ter uma função reforçadora para a resposta de fazer xixi, caracterizou-se como uma consequência punitiva, pela parada abrupta da resposta da criança.

Culturalmente aprendemos a associar o termo "punição" a castigos, recriminações e até violência física, porém em análise do comportamento, o termo punição não está relacionado necessariamente a castigos, mas se refere a qualquer consequência que produza a parada abrupta de uma determinada resposta, ou seja, a pessoa estava fazendo alguma coisa, algo acontece e na sequência ela para rapidamente de fazer aquilo que estava fazendo.

Qualquer consequência que tenha como efeito a parada abrupta da resposta pode ser caracterizada como punitiva. Uma criança que está aprendendo a utilizar o banheiro pode ter seu comportamento punido ao encontrar a porta do banheiro fechada, assim como uma criança que está experimentando uma laranja tem seu comportamento punido ao achar uma semente. Essas situações exemplificam contingências que envolvem punição e que não são caracterizadas por castigos. Dessa maneira, o que é fundamental na punição é a parada abruta da resposta.

2.11 PUNIÇÃO POSITIVA E NEGATIVA

Conforme descrito anteriormente, utilizamos os termos positivo e negativo para caracterizar consequências reforçadoras e punitivas; positivo indica acréscimo de estímulos e negativo indica a retirada (lembre-se de que não há necessariamente uma relação entre algo bom ou ruim!). Punição positiva é um tipo de consequência que produz a parada abrupta da resposta em função do acréscimo de estímulos aversivos. Punição negativa é um tipo de consequência que produz a parada abrupta da resposta em função da retirada de estímulos reforçadores de um outro comportamento.

Na Figura 9, a criança está levando uma colher com comida à boca e para abruptamente ao sentir a comida quente na boca; trata-se de uma contingência de punição positiva, pois a criança para de comer em função do acréscimo do estímulo aversivo (comida quente) na boca. Na Figura 10, a criança está brincando com a comida e para abruptamente de brincar ao ouvir da mãe que ficará sem assistir à TV; trata-se de uma contingência de punição negativa, pois a criança para de brincar com a comida em função da retirada de um privilégio, que é um reforçador de um outro comportamento (não está diretamente relacionado à resposta de brincar com a comida).

2.12 EXTINÇÃO VERSUS PUNIÇÃO

Apesar de extinção e punição parecerem similares, no sentido de resultarem

FIGURA 9 - PUNIÇÃO POSITIVA

FIGURA 10 - PUNIÇÃO NEGATIVA

em diminuição da frequência da resposta, há diferenças importantes entre esses dois conceitos:

1) A extinção é um processo decorrente da retirada do reforçador que mantém uma determinada resposta e a punição é um tipo de consequência que se segue à resposta.

2) A extinção é um processo gradativo e a diminuição da frequência da resposta pode ser lenta. Na punição observa-se a supressão da resposta, ou seja, ela tende a parar rapidamente.

3) Intervenções baseadas em extinção tendem a obter resultados lentamente, porém mais duradouros, já que sem reforço a resposta não se mantém. Por outro lado, a punição promove resultados imediatos, porém menos duradouros, já que a ausência da consequência punitiva pode resultar em retorno imediato da resposta, que, por sua vez, é reforçada por outra consequência.

A punição, assim como a extinção, é um dos recursos que pode ser empregado quando se deseja diminuir comportamentos. Porém, seu uso deve ser sempre orientado e supervisionado por um analista do comportamento, pois a aplicação inadequada pode trazer efeitos colaterais importantes e acarretar prejuízos ao educador e ao aprendiz. Descrever a punição neste livro, semelhante ao que foi apontado sobre a extinção, também tem a função de alertar o educador em relação a comportamentos que aconteciam e que deixaram de acontecer. Pode ocorrer de o educador estar ensinando um comportamento para uma criança com autismo, por exemplo, o comportamento de lavar as mãos, e após a criança lavar as mãos de maneira correta, o educador faz tanta festa (bate palmas, grita, pula, abraça a criança) que ao invés da criança lavar as mãos novamente (reforço), ela para de lavar (punição); isso pode indicar para o educador que a consequência que ele utilizou (festa) foi punitiva e não reforçadora. Assim, em uma nova oportunidade o educador deve utilizar outra consequência que possa ter uma função reforçadora e não punitiva.

De maneira geral, os princípios descritos neste capítulo têm a função de apresentar alguns conceitos básicos e fundamentais da análise do comportamento a leitores iniciantes e de deixá-los mais atentos às variáveis que afetam o comportamento e que influenciam na aprendizagem. Observar o que o aprendiz está fazendo (resposta), o que acontece antes (estímulos antecedentes) e o que acontece depois (consequências) já é um bom começo para se pensar em como ensinar comportamentos novos a pessoas com autismo.

"Observar o que o
aprendiz está fazendo,
o que acontece antes e
o que acontece depois
é um bom começo
para se pensar
em como ensinar
comportamentos novos
a pessoas com autismo"

3

COMO UTILIZAR ESTE MANUAL

Habilidades de autocuidados são necessárias em vários momentos do nosso dia a dia. Por serem habilidades complexas, elas podem demandar muito tempo para serem aprendidas. A aprendizagem dessas habilidades por pessoas com autismo pode promover aumento da autonomia e melhora da qualidade de vida delas e de suas famílias, por isso é tão importante ensinar esse tipo de habilidade para essa população. Este capítulo apresenta orientações para otimizar o ensino de habilidades de autocuidados para aprendizes com autismo.

3.1 CURRÍCULO DE ENSINO DE HABILIDADES DE AUTOCUIDADOS

Este manual é estruturado a partir de um Currículo de Habilidades de Autocuidados (Figura 11). O currículo é um instrumento composto por um conjunto de habilidades que se deseja ensinar em um prazo específico; ele pode ser importante para nortear, organizar e administrar o ensino, quando se deseja ensinar muitas habilidades ao mesmo tempo. A partir de um currículo pode-se planejar o que vai ser ensinado a curto, médio e longo prazo.

A função do Currículo de Habilidades de Autocuidados é auxiliar na organização do ensino de várias habilidades de autocuidados simultaneamente. Ele é divido em quatro áreas:

1. Habilidades de Alimentação;
2. Habilidades de Higiene Pessoal;
3. Habilidades de Vestuário; e
4. Habilidades para Uso do Banheiro.

Cada área é composta por subdivisões, que por sua vez são compostas por Programas de Ensino variados; por exemplo, a área de Habilidades de Alimentação é composta pelas seguintes subdivisões:

1.1 Introdução de alimentos;
1.2 Utensílios para alimentação; e
1.3 Recipientes para líquidos.

Cada subdivisão é composta por um ou mais Programas de Ensino. Por exemplo: a subdivisão "Utensílios para alimentação" é composta pelos programas:

1.2.1 Usar a colher;
1.2.2 Usar o garfo;
1.2.3 Usar a faca; e
1.2.4 Usar o guardanapo.

No total são 13 subdivisões e 38 programas de ensino.

Para que você possa acompanhar o progresso do seu aprendiz é importante

CURRÍCULO DE HABILIDADES DE AUTOCUIDADOS

Aprendiz: ______________________________ Educador: ______________________________

1. HABILIDADES DE ALIMENTAÇÃO			
1.1 INTRODUÇÃO DE ALIMENTOS	**NÍVEL**	**INICIO**	**TÉRMINO**
1.1.1 Introdução de alimentos novos	★		
1.2 UTENSÍLIOS PARA ALIMENTAÇÃO			
1.2.1 Usar a colher	★		
1.2.2 Usar o garfo	★		
1.2.3 Usar a faca	★		
1.2.4 Usar o guardanapo	★		
1.3 RECIPIENTES PARA LÍQUIDOS			
1.3.1 Usar o copo	★		
1.3.2 Servir líquidos de um recipiente	★		

2. HABILIDADES DE HIGIENE PESSOAL			
2.1 HIGIENE ORAL	**NÍVEL**	**INÍCIO**	**TÉRMINO**
2.1.1 Permitir a escovação dos dentes	★		
2.1.2 Escovar os dentes	★		
2.1.3 Passar o fio dental	★		
2.2 CUIDADO COM O CORPO			
2.2.1 Tomar banho	★		
2.2.2 Enxugar o corpo	★		
2.3 CUIDADO COM OS CABELOS			
2.3.1 Lavar os cabelos	★		
2.3.2 Secar os cabelos	★		
2.3.3 Pentear os cabelos	★		
2.4 CUIDADO COM O ROSTO			
2.4.1 Lavar o rosto	★		
2.4.2 Secar o rosto	★		
2.5 CUIDADO COM AS MÃOS			
2.5.1 Lavar as mãos	★		
2.5.2 Enxugar as mãos	★		

3. HABILIDADES DE VESTUÁRIO			
3.1 DESPIR A ROUPA	**NÍVEL**	**INICIO**	**TÉRMINO**
3.1.1 Despir a parte superior do corpo	★		
3.1.2 Despir a parte inferior do corpo	★		
3.2 VESTIR A ROUPA			
3.2.1 Vestir a parte superior do corpo	★		
3.2.2 Vestir a parte inferior do corpo	★		
3.3 CALÇADOS			
3.3.1 Retirar os sapatos	★		
3.3.2 Calçar os sapatos	★		
3.3.3 Retirar as meias	★		
3.3.4 Calçar as meias	★		
3.4 MANUSEIO DE COMPLEMENTOS			
3.4.1 Manusear velcro	★		
3.4.2 Manusear fecho de correr (zíper)	★		
3.4.3 Manusear botão de pressão	★		
3.4.4 Manusear botão	★		
3.4.5 Manusear colchete	★		
3.4.6 Manusear cinto	★		
3.4.7 Manusear cadarço	★		

4. HABILIDADES PARA USO DO BANHEIRO			
4.1 TAREFAS DE BANHEIRO	**NÍVEL**	**INICIO**	**TÉRMINO**
4.1.1 Aceitar sentar no vaso sanitário/penico	★		
4.1.2 Controlar os esfíncteres	★		
4.1.3 Usar o banheiro	★		
4.1.4 Limpar-se	★		

FIGURA 11- CURRÍCULO DE HABILIDADES DE AUTOCUIDADOS

que faça o preenchimento correto e constante do currículo. Comece escrevendo o nome do aprendiz e o nome do educador na parte superior do currículo, nos espaços destinados a isso. Toda vez que iniciar um programa de ensino deve-se anotar no currículo a data de início e quando o aprendiz atingir o critério de aprendizagem o educador deve anotar a data de término também. Por exemplo, se o programa "1.3.1 Usar o copo" foi iniciado com o aprendiz no dia 13/02/2019, essa data deve ser anotada na linha do programa, na coluna "INÍCIO"; se o aprendiz atingiu o critério de aprendizagem em 20/05/2019, essa data deve ser anotada na linha do programa, na coluna "TÉRMINO". Dessa maneira, o educador conseguirá acompanhar o que já foi ensinado e o que há para ensinar.

3.2 ROTA PARA O ENSINO DAS HABILIDADES DE AUTOCUIDADOS

Observe que no Currículo de Habilidades de Autocuidado (Figura 11) há uma coluna denominada "Nível". Nessa coluna há programas de ensino com estrelas verdes, amarelas e vermelhas. Estrelas verdes indicam habilidades fáceis de serem ensinadas, estrelas amarelas indicam habilidades de dificuldade moderada e estrelas vermelhas indicam habilidades mais difíceis.

Outro desafio, além do nível de dificuldade de cada programa de ensino, é articular o ensino de habilidades variadas simultaneamente; isso exige organização e planejamento. De maneira geral, é recomendado o ensino de muitas habilidades ao mesmo tempo, de preferência habilidades de todas as áreas, começando das mais fáceis para as mais difíceis. Nesse sentido, é importante ressaltar que você não precisa esperar finalizar um programa para inserir um novo (exceto para aqueles que apresentam outros programas como requisito, dos quais pontuaremos a seguir); você pode e deve ensinar várias habilidades ao mesmo tempo.

A Figura 12 apresenta uma rota para auxiliar na implementação dos programas em uma sequência que facilite o ensino. Os programas podem ser inseridos em oito etapas básicas que estão em retângulos em cinza na Figura 12 (concentre-se agora na estrutura formada pelos retângulos em cinza).

1° ETAPA

A sugestão é começar com o programa Introdução de alimentos novos (1.1.1).

2° ETAPA

Pode-se colocar:
Permitir a escovação dos dentes (2.1.1) e Aceitar sentar no vaso sanitário (4.1.1).

3° ETAPA

Inclui-se: Retirar os sapatos (3.3.1) e Retirar as meias (3.3.3).

4° ETAPA

Despir a parte inferior do corpo (3.1.2) e Despir parte a superior do corpo (3.1.1).

5° ETAPA

Secar o rosto (2.4.2) e Enxugar as mãos (2.5.2).

6° ETAPA

Tomar banho (2.2.1) e Enxugar o corpo (2.2.2).

7° ETAPA

Secar os cabelos (2.3.2).

8° ETAPA

Manusear velcro (3.4.1) e Manusear fecho de correr (3.4.2).

Observe na Figura 12 que muitos programas estão em retângulos coloridos que derivam dos retângulos em cinza; esses programas têm requisito e só podem ser ensinados quando o aprendiz atingir o critério de aprendizagem nos programas em cinza. Observe também que há três cores: azul, laranja e vermelho. Isso significa que há uma ordem para a introdução desses programas: um programa em retângulo azul só pode ser iniciado quando o programa em retângulo cinza, do qual o azul deriva, for finalizado. O educador deve seguir a seguinte ordem: programas em retângulos em azul antes dos em laranja e laranjas antes dos em vermelho. Por exemplo, aceitar sentar no vaso sanitário (4.1.1), que está em cinza, é requisito para Controlar os esfíncteres (4.1.2), que está em azul, que, por sua vez, é requisito para Usar o banheiro (4.1.3), que está em laranja, que é requisito para Limpar-se (4.1.4), que está em vemelho.

Utilize o currículo e a rota de ensino como guias para otimizar o uso deste manual e direcionar o ensino eficiente das habilidades de autocuidados para seu aprendiz com autismo!

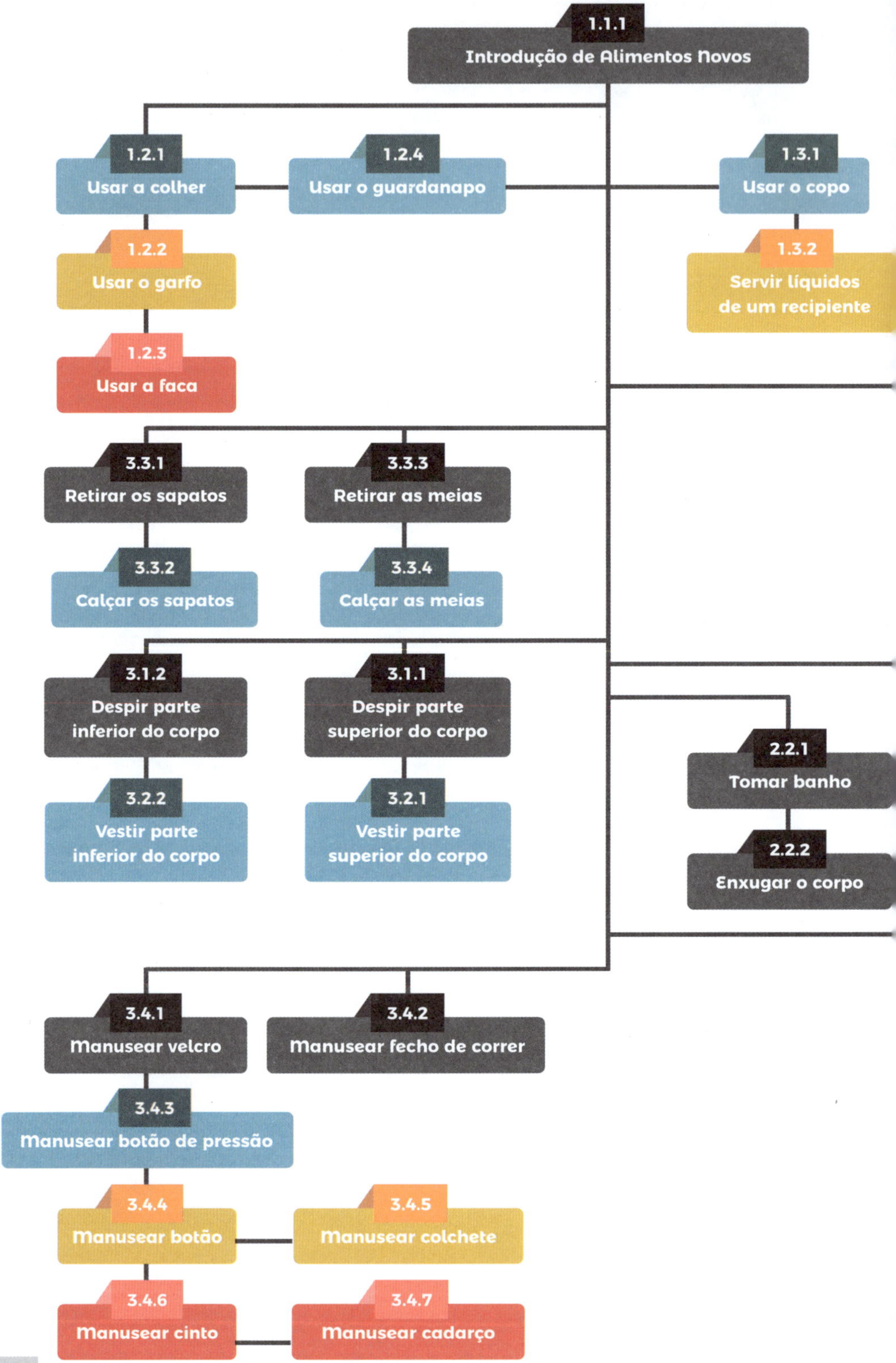
1.1.1
Introdução de Alimentos Novos
1.2.1
Usar a colher
1.2.4
Usar o guardanapo
1.3.1
Usar o copo
1.2.2
Usar o garfo
1.3.2
Servir líquidos de um recipiente
1.2.3
Usar a faca
3.3.1
Retirar os sapatos
3.3.3
Retirar as meias
3.3.2
Calçar os sapatos
3.3.4
Calçar as meias
3.1.2
Despir parte inferior do corpo
3.1.1
Despir parte superior do corpo
2.2.1
Tomar banho
3.2.2
Vestir parte inferior do corpo
3.2.1
Vestir parte superior do corpo
2.2.2
Enxugar o corpo
3.4.1
Manusear velcro
3.4.2
Manusear fecho de correr
3.4.3
Manusear botão de pressão
3.4.4
Manusear botão
3.4.5
Manusear colchete
3.4.6
Manusear cinto
3.4.7
Manusear cadarço

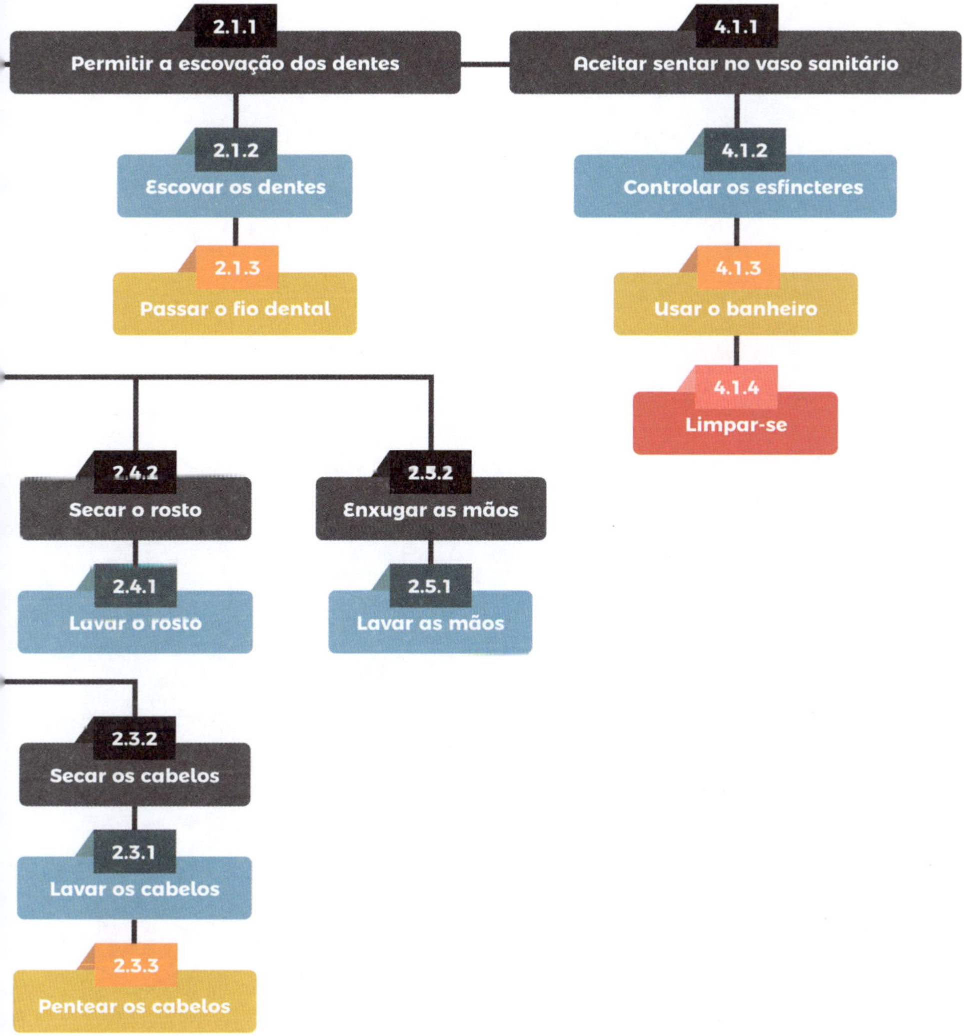

FIGURA 12 - ROTA PARA O ENSINO DE HABILIDADES DE AUTOCUIDADOS

4

PROTOCOLOS DE REGISTRO

Conforme descrito no capítulo anterior, este manual é estruturado a partir de um Currículo de Habilidades de Autocuidados. O currículo, por sua vez, é dividido em quatro áreas e cada área é composta por Programas de Ensino em quantidade variada. Nos próximos capítulos serão apresentados os programas com a descrição dos objetivos, dos procedimentos de ensino e dos critérios de aprendizagem. Neste capítulo descreveremos aspectos gerais dos Protocolos de Registro.

Protocolos de Registro são instrumentos que auxiliam na organização do ensino e na verificação da aprendizagem. Por esse motivo, é fundamental que você os conheça bem, aprenda a organizá-los e a preenchê-los de maneira adequada.

Utilizaremos cinco tipos de protocolos:

1. OBJETIVOS E METAS (FIGURA 13);

2. DESCRITIVO (FIGURA 14);

3. ABC (FIGURA 15);

4. MANUTENÇÃO (FIGURA 16);

5. HORÁRIOS (FIGURA 17).

A seguir serão apresentados os aspectos mais importantes de cada um dos modelos de protocolo. A especificação a respeito de quando e como utilizar cada protocolo será apresentada nos capítulos sobre os Programas de Ensino.

4.1 PROTOCOLO DE OBJETIVOS E METAS

O currículo é dividido em áreas e essas áreas apresentam subdivisões. Cada subdivisão apresenta os Programas de Ensino, que estão distribuídos por elas em número variado. Algumas subdivisões apresentam mais de um Programa de Ensino e muitos programas serão ensinados simultaneamente e/ou em etapas (por serem compostos por muitos comportamentos).

Os protocolos de Objetivos e Metas são utilizados para organizar o ensino quando mais de um Programa de Ensino for ensinado simultaneamente ou quando o programa for composto por etapas. Por meio desse tipo de protocolo o educador consegue administrar o que vai ensinar agora (metas) e o que vai ensinar na sequência, até o objetivo final. Ele é constituído por uma tabela com cinco colunas: a primeira coluna apresenta as subdivisões do currículo, a segunda apresenta os Programas de Ensino (com suas respectivas etapas de ensino quando houver) e as colunas seguintes, que devem ser preenchidas pelo educador à medida que ensina as habilidades, são intituladas de "Não ensinado", "Ensino" e "Manutenção", nessa ordem; o educador marca um X na coluna que corresponde à situação de ensino de cada habilidade. A Figura 13 apresenta um exemplo desse tipo de protocolo e há instruções de como preenchê-lo.

FIGURA 13 - PROTOCOLO OBJETIVOS E METAS

TÍTULO

SITUAÇÃO DE CADA ETAPA

2. HABILIDADES DE HIGIENE PESSOAL				
HIGIENE PESSOAL		SITUAÇÃO		
		Não ensinado	Ensino	Manutenção
2.1 HIGIENE ORAL	2.1.1 Permitir a escovação dos dentes			X
	2.1.2 Escovar os dentes		X	
	2.1.3 Passar o fio dental		X	
2.2 CUIDADO COM O CORPO	2.2.1 Tomar banho	X		
	2.2.2 Enxugar o corpo		X	
2.3 CUIDADO COM OS CABELOS	2.3.1 Lavar os cabelos			X
	2.3.2 Secar os cabelos			X
	2.3.3 Pentear os cabelos	X		
2.4 CUIDADO COM O ROSTO	2.4.1 Lavar o rosto		X	
	2.4.2 Secar o rosto			X
2.5 CUIDADO COM AS MÃOS	2.5.1 Lavar as mãos	X		
	2.5.2 Enxugar as mãos	X		

SUBDIVISÕES

PROGRAMAS DE ENSINO

Aqui você vai marcar um X a lápis na coluna correspondente à situação de cada uma das habilidades:

1 - **NÃO ENSINADO**: habilidade que ainda não foi ensinada ao aprendiz.
2 - **ENSINO**: habilidade que está sendo ensinada ao aprendiz.
3 - **MANUTENÇÃO**: habilidade que já foi ensinada ao aprendiz e que o educador deve ficar atento para mantê-la.

4.2 PROTOCOLO DESCRITIVO

O ensino de algumas habilidades específicas depende da descrição detalhada do comportamento do aprendiz. Nesse sentido, os protocolos Descritivos servem para retratar o desempenho do aprendiz durante a atividade proposta. Esse tipo de protocolo é composto por uma tabela separada por colunas; o educador deve preencher o nome do aprendiz, o nome dele e os demais dados solicitados em cada coluna. A Figura 14 apresenta um exemplo desse tipo de protocolo e há instruções de como preenchê-lo.

4.3 PROTOCOLO ABC

Esse tipo de protocolo é utilizado na maioria dos programas e serve para registrar as tentativas de ensino. São denominados ABC por permitirem a marcação do desempenho do aprendiz considerando os seguintes critérios:

A **quando o aprendiz realiza a atividade com independência;**

B **quando o aprendiz realiza a atividade com o auxílio do educador (qualquer tipo de auxílio);**

C **quando o aprendiz não realiza a atividade solicitada, mesmo com o esforço do educador em auxiliá-lo.**

É importante ressaltar que uma tentativa compreende as instruções do educador (antecedentes), a resposta da criança e as consequências. A Figura 15 apresenta um exemplo desse tipo de protocolo e há instruções de como preenchê-lo.

4.4 PROTOCOLO DE MANUTENÇÃO

Quando o aprendiz finaliza um programa de ensino é importante manter as habilidades aprendidas para que ele não se esqueça delas. Esse tipo de protocolo tem a função de auxiliar na manutenção das habilidades aprendidas e permite marcar se o aprendiz realizou a atividade (de maneira independente) ou se ele errou (não fez ou fez com ajuda, o que também é considerado como erro); o educador escreve V para acertos, X para erros ou ajudas e - para atividades não realizadas no dia. A Figura 16 apresenta um exemplo desse tipo de protocolo e há instruções de como preenchê-lo.

4.5 PROTOCOLO DE HORÁRIOS

Só há um protocolo desse tipo e ele serve para registrar a rotina de horários do aprendiz no controle dos esfíncteres (urinário e intestinal). Ele é composto por uma tabela, na qual os horários estão especificados em cada uma das linhas; o educador vai preencher seguindo os critérios dessa atividade que serão descritos no capítulo sobre "Habilidades para o uso do banheiro". A Figura 17 apresenta instruções breves de como preencher esse protocolo.

FIGURA 14- PROTOCOLO DESCRITIVO

TÍTULO

VOCÊ DEVE PREENCHER COM O NOME DO APRENDIZ E O SEU

1.1.1 - INTRODUÇÃO DE ALIMENTOS NOVOS

APRENDIZ: EDUCADOR:

INSTRUÇÕES PARA O PREENCHIMENTO DA TABELA

Procedimento: Preencha a data, qual a refeição realizada (ex. café da manhã, lanche, almoço ou jantar), quais alimentos foram oferecidos e quais foram as reações do aprendiz frente aos alimentos apresentados.

DATA	REFEIÇÃO	ALIMENTOS	REAÇÕES DO APRENDIZ
09/05/19	lanche	Misto-quente com muçarela e peito de peru	Aceitou pegar o alimento, colocou na boca um pedaço, mas cuspiu em seguida. Após algum tempo em contato com o alimento, comeu três pedaços e não quis mais.

CADA RETÂNGULO É REFERENTE A UM DIA DE ATIVIDADE.

Aqui você vai anotar a data de realização da atividade; o tipo de refeição realizada (ex.: café da manhã/almoço/lanche ou jantar); os alimentos oferecidos ao aprendiz e quais foram os comportamentos emitidos pelo aprendiz, nessa ordem.

FIGURA 15- PROTOCOLO ABC

TÍTULO

CADA COLUNA SERVE PARA UM DIA DE ATIVIDADE

1.2.1 USAR A COLHER

VOCÊ DEVE PREENCHER COM O NOME DO APRENDIZ

VOCÊ DEVE PREENCHER COM A DATA DA REALIZAÇÃO DA ATIVIDADE

VOCÊ DEVE PREENCHER COM O NOME DO EDUCADOR

COMPORTAMENTOS A SEREM ENSINADOS

APRENDIZ:

DATA	03/07/2019																				
EDUCADOR	CLÁUDIA																				
DESEMPENHO	A	B	C	A	B	C	A	B	C	A	B	C	A	B	C	A	B	C	A	B	C
1. Pegar a colher	X																				
2. Levar a colher até o alimento		X																			
3. Colocar a comida na colher		X																			
4. Levar a colher cheia até a boca		X																			
5. Retirar o alimento com os lábios	X																				
6. Colocar a colher na borda do prato			X																		

LEGENDA → A - SEM AJUDA | B - COM AJUDA | C - NÃO FEZ

Aqui você vai marcar como foi o desempenho do aprendiz em cada tentativa, de acordo com a legenda

FIGURA 16- PROTOCOLO MANUTENÇÃO

VOCÊ DEVE PREENCHER COM O NOME DO APRENDIZ E O SEU

TÍTULO

MANUTENÇÃO - HABILIDADES DE ALIMENTAÇÃO

APRENDIZ:______________________________ EDUCADOR:______________________

HABILIDADES	DATAS												
	05/02/19												
Usar a colher	V												
Usar o garfo (fincar o alimento)	V												
Usar o garfo (comer)	V												
Usar a faca para empurrar o alimento	V												
Usar a faca para cortar alimentos macios	X												
Usar a faca para cortar alimentos duros	—												
Usar a faca para espalhar o alimento	X												
usar o guardanapo	V												
Usar o copo	V												
Servir líquidos													
TOTAL DE ACERTOS													

LISTA DOS PROGRAMAS REALIZADOS

AQUI VOCÊ VAI ANOTAR A QUANTIDADE DE ACERTOS

AQUI VOCÊ VAI ANOTAR A DATA DE REALIZAÇÃO DA ATIVIDADE

CADA COLUNA SERVE PARA UM DIA DE ATIVIDADE

V SEM AJUDA | X COM AJUDA OU NÃO FEZ | PROGRAMA NÃO REALIZADO

Aqui você vai marcar como foi o desempenho do aprendiz em cada programa:
V: fez corretamente X: fez errado ou com ajuda — : não realizou o programa naquele dia

FIGURA 17- PROTOCOLO HORÁRIOS

VOCÊ DEVE PREENCHER COM O NOME DO APRENDIZ E O NOME DO EDUCADOR

APRENDIZ: ____________ EDUCADOR: ____________

DATA: ____________

VOCÊ DEVE PREENCHER COM A DATA DA REALIZAÇÃO DA ATIVIDADE

TABELA COM A DISTRIBUIÇÃO DAS HORAS (COM INTERVALOS DE 15 MINUTOS)

CADA LINHA SERVE PARA O REGISTRO DO COMPORTAMENTO DE ACORDO COM A LEGENDA

Hora	Registro	Hora	Registro
6:00		15:00	
6:15		15:15	
6:30		15:30	
6:45	S	15:45	
7:00	NF	16:00	BX
7:15		16:15	
7:30		16:30	
7:45		16:45	
8:00		17:00	
8:15		17:15	
8:30		17:30	F
8:45	BX	17:45	
9:00		18:00	
9:15		18:15	FR
9:30		18:30	
9:45	NF	18:45	
10:00		19:00	
10:15		19:15	
10:30		19:30	
10:45		19:45	
11:00		20:00	
11:15		20:15	
11:30		20:30	
11:45		20:45	
12:00		21:00	
12:15		21:15	
12:30		21:30	
12:45		21:45	
13:00		22:00	
13:15	M	22:15	
13:30		22:30	
13:45		22:45	
14:00		23:00	
14:15		23:15	
14:30		23:30	
14:45	BX	23:45	

LEGENDA

S - Seco | BX - Banheiro Xixi | BF - Banheiro Fezes | M - Molhado (xixi na roupa ou fralda molhada) | F - Fezes na roupa | NF - Não Fez | FR - Está de Fralda

4.6 ORGANIZAÇÃO DOS PROTOCOLOS

Os Programas de Ensino serão descritos nos próximos capítulos e os Protocolos de Registro de cada programa serão apresentados de maneira mais detalhada. É importante ressaltar que muitos programas serão ensinados simultaneamente e você precisa organizar o seu material de registro para não se perder nas atividades. A sugestão é organizar as atividades em fichários, com divisórias para cada um dos programas de ensino (Figura 18).

FIGURA 18 - FICHÁRIO COM DIVISÓRIAS

"Protocolos de registro: instrumentos que auxiliam na organização do ensino e na verificação da aprendizagem. É fundamental que você os conheça bem, aprenda a organizá-los e a preenchê-los de maneira adequada"

5

HABILIDADES DE ALIMENTAÇÃO

Comer com independência envolve uma série de comportamentos. Durante uma refeição fazemos diversas coisas, como comer alimentos variados, utilizar os talheres de maneira adequada, utilizar o guardanapo, servir líquidos e beber de um copo. Todos esses comportamentos são aprendidos durante a vida e pessoas com autismo podem apresentar dificuldades em apender essas habilidades. Por isso, torna-se fundamental um bom planejamento e o uso de estratégias adequadas para favorecer a aprendizagem dessas habilidades por essa população. Neste capítulo apresentaremos estratégias para o ensino de habilidades de alimentação.

5.1 O QUE ESPERAR EM CADA PERÍODO DE IDADE

A criança aprende habilidades de alimentação gradativamente, começando com comportamentos mais simples e passando aos poucos para comportamentos mais complexos. Alguns comportamentos dependem do desenvolvimento de habilidades motoras mais refinadas; exemplo disso é o comportamento de servir líquidos com independência, que depende de um bom controle e planejamento motor. A Figura 19 apresenta habilidades relacionadas à alimentação que são tipicamente esperadas entre 0 e 6 anos.

FIGURA 19 HABILIDADES DE ALIMENTAÇÃO DE 0 A 6 ANOS

IDADE	HABILIDADES
ATÉ 2 ANOS	- Levar colher à boca - Sugar líquido com canudinho - Beber de um copo com tampa
ATÉ 3 ANOS	- Utilizar a colher e o garfo durante a alimentação - Cortar alimentos macios com o garfo - Beber de um copo sem tampa (copo não muito cheio) - Servir líquidos de uma garrafa pequena em um copo, com auxílio - Pegar água em um filtro baixo com independência - Limpar a boca com o guardanapo
ATÉ 4 ANOS	- Servir líquidos de uma jarra pequena derramando pouco
ATÉ 5 ANOS	- Servir alimentos com auxílio - Ajudar a colocar e retirar utensílios da mesa (ex.: copo, prato, talheres) - Utilizar os talheres adequados para se alimentar com independência - Usar a faca para espalhar o alimento
ATÉ 6 ANOS	- Servir líquidos com independência - Usar a faca com independência - Abrir embalagens

5.2 ENSINANDO HABILIDADES DE ALIMENTAÇÃO

A área de Habilidades de Alimentação é composta por três subdivisões:

INTRODUÇÃO DE ALIMENTOS (1.1)
UTENSÍLIOS PARA ALIMENTAÇÃO (1.2)
RECIPIENTES PARA LÍQUIDOS (1.3)

Cada subdivisão é composta por Programas de Ensino variados. São eles:

Introdução de alimentos novos (1.1.1);
Usar a colher (1.2.1);
Usar o garfo (1.2.2);
Usar a faca (1.2.3);
Usar o guardanapo (1.2.4);
Usar o copo (1.3.1)
Servir líquidos de um recipiente (1.3.2)

A Figura 20 apresenta uma rota para auxiliar na implementação dos programas em uma sequência que facilite o ensino. Os programas podem ser inseridos seguindo a sequência da esquerda para a direita e de cima para baixo. O primeiro programa a ser ensinado é o 1.1.1 e quando o aprendiz atingir o critério de aprendizagem nesse programa pode-se inserir os programas 1.2.1, 1.2.4 e 1.3.1 simultaneamente. Após a aprendizagem de 1.2.1, o programa 1.2.2 pode ser iniciado; após o término de 1.2.2 o programa 1.2.3 pode ser inserido. O programa 1.3.2 pode ser iniciado após o término de 1.3.1. Lembre-se de que essa é uma rota específica para a introdução dos programas de habilidades de alimentação e que para ensinar habilidades de autocuidados de maneira intensiva e ampla você deve seguir também a rota de ensino geral que está na Figura 12 do Capítulo 3. A seguir serão apresentados os Programas de Ensino com a descrição dos procedimentos, protocolos e critérios de aprendizagem.

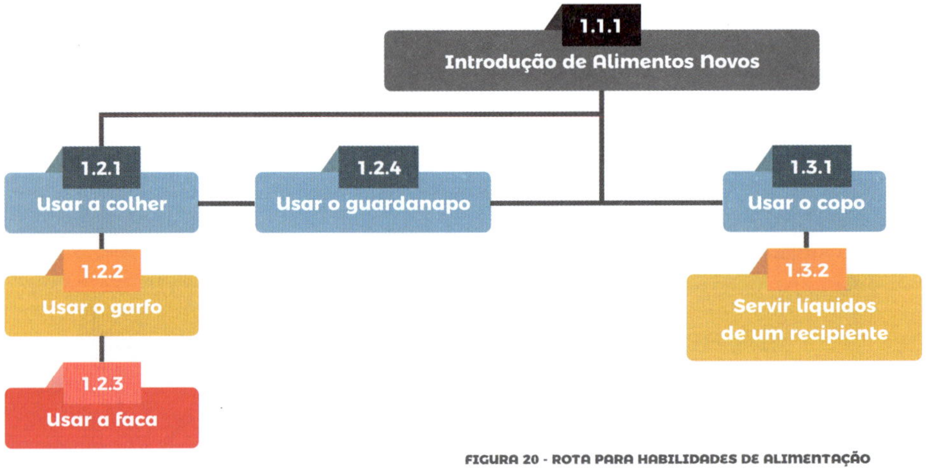

FIGURA 20 - ROTA PARA HABILIDADES DE ALIMENTAÇÃO

5.3 INTRODUÇÃO DE ALIMENTOS (1.1)

Comer alimentos variados é um comportamento aprendido; as experiências da criança com a comida influenciarão nas preferências alimentares dela. A primeira infância traz contribuições importantes para a formação dos hábitos alimentares, por ser o período no qual a criança começa a experimentar novos sabores e texturas de alimentos. Inicialmente algumas crianças podem ter dificuldades em experimentar ou recusam alguns tipos de alimentos, mas à medida que são expostas aos alimentos, podem se acostumar com o sabor, o cheiro, a textura e o gosto, aceitando-os mais facilmente e demonstrando novas preferências alimentares.

Pessoas com autismo podem apresentar dificuldades alimentares, especialmente em relação a aparência, textura e cheiro dos alimentos ou até mesmo em decorrência de alergias ou intolerância a alguns tipos de alimentos. Alguns casos são extremamente graves e levam a uma restrição alimentar significativa. Dependendo da gravidade da seletividade alimentar torna-se extremamente importante uma avaliação por profissionais especializados (gastroenterologista, terapeuta ocupacional, nutricionista, fonoaudiólogo, psicólogo) antes da introdução de alimentos novos.

5.3.1 INTRODUÇÃO DE ALIMENTOS NOVOS (1.1.1)

5.3.1.1 DEFINIÇÃO

Comer alimentos diferentes é essencial para a saúde; uma alimentação pouco variada acarreta deficiência de nutrientes que pode prejudicar a saúde e o desenvolvimento. Algumas pessoas com autismo apresentam dificuldades em comer alimentos variados, o que pode levar a uma restrição alimentar importante. Porém, o comportamento de comer alimentos variados é aprendido e podemos ensiná-las a comer melhor. A maneira como os alimentos serão introduzidos na dieta do aprendiz fará a diferença na aceitação de alimentos novos e na relação com a comida.

A primeira coisa que o educador deve fazer antes de iniciar esse Programa de Ensino é levantar informações a respeito do histórico alimentar do aprendiz e dos costumes alimentares da família. As questões apresentadas a seguir são importantes e devem ser verificadas pelo educador antes da intervenção, a fim de auxiliar no planejamento das ações a serem implementadas:

1. Como foi o período de amamentação?
2. Quando o aprendiz começou a comer alimentos sólidos?
3. Como os alimentos sólidos foram introduzidos na alimentação e como foi a aceitação do aprendiz?
4. O aprendiz apresenta alguma intolerância ou alergia alimentar?
5. Quando o aprendiz começou com a recusa de alimentos?
6. O que o aprendiz come atualmente e/ou tem preferência (texturas, cor, cheiro)?
7. Quais alimentos são consumidos na rotina da família?
8. Como os momentos de refeição da família são organizados (locais, se comem juntos, se comem alimentos variados)?

9. O aprendiz apresenta alguma outra dificuldade (ex.: hipersensibilidade a texturas variadas) em outros contextos (brincadeiras, vestuário, sociais, entre outros)?
10. Como a família reage diante da recusa do aprendiz em comer determinados alimentos?
11. Como é o comportamento do aprendiz em outros contextos sociais (festas, restaurantes, viagens, escola)?

As respostas a essas perguntas darão ao educador informações importantes para direcionar a intervenção.

5.3.1.2 PROCEDIMENTOS DE ENSINO

A introdução de alimentos novos exige uma parceria boa entre o educador e a família e muita tranquilidade no processo de ensino. Podemos separar, para fins didáticos, as pessoas com autismo em dois grupos: Grupo 1 – composto por pessoas que aceitam o contato com os alimentos, embora não os comam; e Grupo 2 – composto por pessoas que se recusam a ter contato com os alimentos e que apresentam reações, muitas vezes intensas (náuseas, vômitos, problemas graves de comportamento), frente ao alimento apresentado. A intervenção é a mesma para os dois grupos, porém para as pessoas do Grupo 2 o processo poderá ser mais lento e exigirá paciência do educador e da família.

Dois aspectos devem ser observados no processo de inserção de alimentos novos. Podemos dividir esses aspectos, de maneira didática, em "comportamentais" e "sensoriais". Os aspectos comportamentais envolvem fatores relativos à maneira como os cuidadores apresentam os alimentos ao aprendiz; como os cuidadores lidam com as recusas e preferências do aprendiz; a rotina de alimentação do aprendiz (horários e locais); e os modelos que o aprendiz têm (o que os familiares e cuidadores comem). As questões sensoriais referem-se à maneira como o aprendiz reage a algumas aparências, texturas, cores, cheiros e sabores. É importante ressaltar que questões sensoriais e comportamentais se misturam no contexto da alimentação e que o educador deve estar atento a ambas.

A seguir serão apresentadas algumas estratégias que, em conjunto, podem auxiliar nas questões comportamentais e sensoriais:

1. Organize os horários da alimentação e evite oferecer alimentos nos intervalos. A organização é fundamental para garantir que o aprendiz esteja com fome no momento da alimentação, o que aumenta a probabilidade de ele comer.

2. Comece por introduzir alimentos novos que tenham características em comum com os alimentos que o aprendiz já está acostumada a comer. Por exemplo, se o aprendiz tem preferência por alimentos moles, pode ser mais fácil colocar um alimento novo de mesma textura.

3. Comece variando a marca do item que o aprendiz gosta de comer. Por exemplo, se ele gosta de comer biscoitos de polvilho de uma determinada marca, passe a oferecer biscoitos semelhantes de outra marca. Tenha calma porque provavelmente ele vai perceber a diferença e pode ser que incialmente recuse, porém você precisará dar tempo para que o

aprendiz se acostume com a marca nova; isso significa que você deve insistir um pouco antes de decidir voltar para a marca antiga.

4. Tenha uma rotina de apresentação de alimentos novos; se o aprendiz nunca tem contato com alimentos novos, não terá a oportunidade de prová-lose e, consequentemente, não aprenderá a comer esses alimentos. Nunca deixe de oferecer alimentos novos, mesmo que o aprendiz não os coma.

5. Apresente os alimentos gradativamente e não obrigue ou force o aprendiz a comer. Lembre-se de que comer envolve questões sociais e afetivas. Quando o aprendiz tem uma relação tensa com a comida, muito provavelmente ele resistirá em comer.

6. Valorize o interesse e o esforço do aprendiz; muitas vezes comer um alimento novo passa por inicialmente tocar nele, cheirar, lamber e brincar, sem necessariamente comer. Esse pode ser um passo importante na ampliação da alimentação (Figura 21).

7. Para os aprendizes que comem, mas não suportam ver os alimentos, vale começar misturando alimentos que o aprendiz já consome com alimentos novos. Por exemplo, colocar cenoura, que é um alimento novo, em uma pizza, que é um alimento de preferência, ou utilizar recursos para distraí-los, por exemplo, a televisão (o aprendiz se distrai e não vê o que está comendo). Esses recursos podem auxiliar, inicialmente, na introdução de alimentos novos e devem ser retirados gradativamente.

8. Se o aprendiz levar um alimento à boca e tiver alguma reação, como retirá-lo da boca, cuspi-lo ou mesmo ter ânsia de vômito, não se assuste. Mantenha a calma e espere para ver como o aprendiz administrará essa situação. Evite tirar o alimento imediatamente e lembre-se de continuar apresentando o alimento em situações posteriores, pois só assim o aprendiz se acostumará com ele.

9. Quando o aprendiz começar a comer um alimento novo, esse alimento deve fazer parte da rotina alimentar do aprendiz e os cuidadores devem ficar atentos para que esse alimento não "desapareça" por um período longo. Por outro lado, quando o aprendiz mostrar preferência por um alimento novo, evite também só oferecer aquele alimento, pois o consumo em excesso pode deixar o aprendiz enjoado do alimento e assim ele parará de comê-lo.

10. Não se preocupe com a quantidade de alimentos; o objetivo inicial não é garantir a quantidade de alimentos novos e sim a variedade. Melhor o aprendiz comer alimentos variados em quantidades pequenas do que comer uma quantidade enorme de um alimento só.

11. Para que o aprendiz aprenda a comer alimentos variados é muito importante que a família e os cuidadores deem o modelo. Por exemplo, se a família não consome frutas, verduras e legumes é pouco provável que o aprendiz comece a comer esses alimentos. Além disso, é importante que o aprendiz veja os cuidadores comendo, e, nesse sentido, fazer refeições com o aprendiz pode ser muito bom!

12. Vale recompensar pela "coragem" de comer alimentos novos; abuse dos elogios e trocas. Aqui vale o incentivo para manter o aprendiz animado para experimentar e comer alimentos novos!

13. Conte sempre com a ajuda de profissionais especializados para te auxiliar!

FIGURA 21 - INTRODUÇÃO DE ALIMENTOS NOVOS

5.3.1.3 PROTOCOLOS

Para o registro desse programa você utilizará um protocolo Descritivo (Figura 22). Inicialmente o educador deverá escrever no protocolo o nome do aprendiz e o nome dele. A cada dia de ensino, o educador deverá preencher: a data da atividade; qual o tipo de refeição realizada (ex.: café da manhã, almoço, entre outras); quais alimentos foram oferecidos ao aprendiz; e quais foram as reações do aprendiz frente aos alimentos oferecidos. O registro te auxiliará a perceber e a acompanhar o progresso do aprendiz ao longo do tempo, em relação à variedade de alimentos aceitados por ele. Lembre-se de que o registro deve ser feito imediatamente após a refeição e não muito tempo depois, pois informações importantes podem ser esquecidas.

5.3.1.4 CRITÉRIO DE APRENDIZAGEM

Considera-se que a pessoa aprendeu a comer alimentos variados quando ela é capaz de comer, durante o período de uma semana, pelo menos um alimento de cada uma das seguintes categorias:

1. CARNES E OVOS;
2. LATICÍNIOS (leite, queijos e derivados);
3. FRUTAS;
4. LEGUMES;
5. VERDURAS;
6. CEREAIS, MASSAS E PÃES.

Lembre-se de que a quantidade não é o fator importante, mas sim a variedade dos alimentos. Até atingir o critério de aprendizagem, o educador deve registrar as refeições diariamente, preocupando-se em oferecer ao aprendiz alimentos novos gradativamente. Após a pessoa ter aprendido a comer alimentos variados em situação planejada de aprendizagem, você deve parar de registrar no protocolo e se preocupar em manter o comportamento aprendido, sempre incentivando o aprendiz a comer alimentos variados, especialmente em ambientes diferentes (ex.: casa de familiares, escola, festas, restaurante).

5.4 UTENSÍLIOS PARA ALIMENTAÇÃO (1.2)

Os utensílios utilizados na alimentação são recursos facilitadores para a realização das refeições. Além disso, a nossa cultura valoriza socialmente o uso desses utensílios. Algumas pessoas com autismo podem apresentar dificuldades em manuseá-los de maneira adequada e torna-se necessário ensinar tais habilidades a elas. Essa subdivisão é composta por quatro Programas de Ensino: 1.2.1 Usar a colher; 1.2.2 Usar o garfo; 1.2.3 Usar a faca; e 1.2.4 Usar o guardanapo. Os programas e suas etapas serão descritos a seguir.

FIGURA 22- PROTOCOLO 1.1.1 INTRODUÇÃO DE ALIMENTOS NOVOS

1.1.1 - INTRODUÇÃO DE ALIMENTOS NOVOS

Aprendiz____________________ Educador:____________________

Procedimento: Preencha a data, qual a refeição realizada (ex.:. café da manhã, lanche, almoço ou jantar), quais alimentos foram oferecidos e quais foram as reações do aprendiz frente aos alimentos apresentados.

DATA	REFEIÇÃO	ALIMENTOS	REAÇÕES DO APRENDIZ

5.4.1 USAR A COLHER (1.2.1)

A colher é o primeiro utensílio a ser apresentado para o aprendiz por ser mais seguro e mais fácil de manusear. Os comportamentos que compõem o uso da colher são: pegar a colher; levar a colher até o alimento; colocar a comida na colher; levar a colher cheia até a boca; retirar o alimento com os lábios; e colocar a colher na borda do prato ou sobre a mesa (Figura 23).

FIGURA 23 - USAR A COLHER

5.4.2 USAR O GARFO (1.2.2)

Usar o garfo exige mais destreza do aprendiz do que usar a colher e há funções diferentes para o garfo, por isso esse programa é composto por duas etapas: 1. Uso do garfo para fincar o alimento; e 2. Uso do garfo para comer.

5.4.2.1 USAR O GARFO PARA FINCAR O ALIMENTO (1.2.2)

Os comportamentos que compõem o uso do garfo para fincar o alimento são: pegar o garfo; levar o garfo até o alimento; espetar o alimento com o garfo; levar o garfo com alimento até a boca; retirar o alimento com os lábios; e colocar o garfo na borda do prato ou sobre a mesa (Figura 24).

FIGURA 24 - USAR O GARFO PARA FINCAR O ALIMENTO

5.4.2.2 USAR O GARFO PARA COMER (1.2.2)

Após o aprendiz conseguir fincar com o garfo está na hora de ensiná-lo a usar o garfo para comer, que é uma habilidade mais complexa por exigir uma coordenação maior. Os comportamentos que compõem o uso do garfo para comer são: pegar o garfo; levar o garfo até o alimento; colocar o alimento no garfo; levar o garfo com alimento até a boca; retirar o alimento com os lábios; e colocar o garfo na borda do prato ou sobre a mesa (Figura 25).

FIGURA 25 - USAR O GARFO PARA COMER

FIGURA 25- USAR O GARFO PARA COMER

5.4.3 USAR A FACA (1.2.3)

O programa é composto por quatro etapas: 1. Usar a faca para empurrar o alimento; 2. Usar a faca para cortar alimentos macios; 3. Usar a faca para cortar alimentos duros; e 4. Usar a faca para espalhar o alimento.

5.4.3.1 USAR A FACA PARA EMPURRAR O ALIMENTO (1.2.3)

Nesse momento o aprendiz será ensinado a manusear o garfo e a faca ao mesmo tempo. Os comportamentos que compõem essa etapa são: pegar o garfo; colocar o garfo na frente ou atrás do alimento; pegar a faca; posicionar a faca atras ou a frente do alimento e empurrar o alimento com a faca até o garfo (Figura 26).

FIGURA 26 - USAR A FACA PARA EMPURRAR O ALIMENTO

5.4.3.2 USAR A FACA PARA CORTAR ALIMENTOS MACIOS (1.2.3)

Nessa etapa o aprendiz também terá que manusear o garfo e a faca ao mesmo tempo. Os comportamentos que compõem o uso da faca para cortar alimentos macios são: pegar o garfo; fincar o garfo no alimento; pegar a faca; colocar a faca em cima do alimento; e apertar a faca sobre o alimento (Figura 27).

FIGURA 27 - USAR A FACA PARA CORTAR ALIMENTOS MACIOS

5.4.3.3 USAR A FACA PARA CORTAR ALIMENTOS DUROS (1.2.3)

Nesse programa o nível de dificuldade será maior em função da consistência do alimento a ser cortado, que exigirá força e um controle maior do garfo e da faca. Os comportamentos que compõem o uso da faca para cortar alimentos duros são: pegar o garfo; fincar o garfo no alimento; pegar a faca; colocar a faca em cima do alimento; e deslizar a faca (movimentos para frente e para trás) sobre o alimento com mais força e controle dos utensílios (Figura 28).

FIGURA 28 - USAR A FACA PARA CORTAR ALIMENTOS DUROS

5.4.3.4 USAR A FACA PARA ESPALHAR O ALIMENTO (1.2.3)

Os comportamentos que compõem o uso da faca para espalhar o alimento são: pegar a faca; colocar a quantidade adequada do alimento mole (ex.: geleia) na faca; passar a faca com o alimento mole no alimento mais duro (ex.: torrada); espalhar o alimento mole sobre o alimento mais duro (Figura 29).

FIGURA 29 - USAR A FACA PARA ESPALHAR O ALIMENTO

5.4.4 USAR O GUARDANAPO (1.2.4)

O ensino do uso do guardanapo é bem simples e os seguintes comportamentos compõem essa habilidade: pegar o guardanapo; levar o guardanapo até a boca; passar o guardanapo de um lado da boca; passar o guardanapo do outro lado da boca; limpar as mãos; e colocar o guardanapo na mesa (Figura 30).

FIGURA 30 - USAR O GUARDANAPO

5.4.5 PROCEDIMENTO GERAL DE ENSINO: UTENSÍLIOS PARA ALIMENTAÇÃO

1. Os programas destinados ao uso de utensílios para a alimentação devem ser ensinados preferencialmente com o aprendiz sentado à mesa; evite ao máximo fazer essas atividades com o aprendiz sentado ao chão, em sofás ou andando pela casa.

2. O educador deve organizar o ambiente de modo a favorecer a atenção e a compreensão do aprendiz a respeito do que ele deve fazer, evitando distrações com estímulos que não fazem parte da atividade. Por exemplo, fazer a atividade em uma sala cheia de brinquedos pode distrair e diminuir o engajamento na tarefa.

3. O educador deve observar ainda se os mobiliários estão adequados; o aprendiz deve estar confortavelmente acomodado (nada de pezinhos balançando!). Mesas e cadeiras altas ou baixas podem atrapalhar o posicionamento do corpo e o controle motor para fazer os movimentos de maneira adequada às necessidades de cada tarefa.

4. Observe também os talheres e pratos utilizados, que devem estar adequados ao perfil do aprendiz; crianças pequenas precisam de talheres menores e pratos com borda, mas crianças maiores podem não se beneficiar desses utensílios. Fique atento aos aspectos dos utensílios que podem distrair o aprendiz, como a presença de desenhos ou texturas.

5. Ao iniciar uma atividade para ensinar o uso de utensílios para a alimentação, o educador deve verificar o que o aprendiz já é capaz de fazer e o que não é. Nesse sentido, o educador deve se preocupar em manter as habilidades que o aprendiz já apresenta e auxiliar no ensino daquelas que ele não apresenta. Por exemplo, se o aprendiz é capaz de pegar o garfo, fincar o garfo no alimento, pegar a faca e colocá-la em cima do alimento, mas não é capaz de deslizar a faca sobre o alimento fazendo movimentos para frente e para trás, o educador deve auxiliar o aprendiz somente nesse ponto, ficando atento para que ele continue fazendo aquilo que consegue sem o auxílio do educador. As ajudas do educador devem ser retiradas gradativamente até o aprendiz conseguir fazer toda a tarefa com independência.

6. Considere a idade e a condição motora do aprendiz para exigir mais ou menos na atividade. Por exemplo, uma criança de 2 anos pode não ser capaz de utilizar o garfo (para comer) com controle motor adequado, sem deixar a comida cair, porém uma criança de 6 anos já é capaz de fazer isso e você pode exigir mais da criança de 6 anos do que da de 2 anos. Por outro lado, se o seu aprendiz apresenta dificuldades motoras, independentemente da idade, você pode exigir menos precisão nos movimentos.

7. Adaptações são muito bem-vindas: pratos com borda, talheres engrossados, pratos com antiderrapante, entre outras, podem ser de grande utilidade no processo de ensino dessas habilidades. Nesse âmbito um bom profissional de Terapia Ocupacional será de muita ajuda na avaliação e escolha das adaptações mais adequadas para cada aprendiz.

5.4.6 PROTOCOLOS

Serão utilizados três tipos de protocolos em Utensílios para Alimentação: Objetivos e Metas, ABC e Manutenção (ver modelo nas Figuras 13, 15 e 16 do Capítulo 4). O protocolo de Objetivos e Metas será utilizado para administrar o ensino dos programas; o protocolo ABC será utilizado para o registro das atividades; e o protocolo de Manutenção será utilizado após a aprendizagem dos programas.

O protocolo de Objetivos e Metas tem a função de ajudar na administração dos Programas de Ensino (Figura 31). Esse protocolo auxiliará na organização do que será ensinado agora, o que será ensinado posteriormente e o que já foi aprendido. Para o início do ensino você deve seguir a rota de introdução dos programas apresentada anteriormente na Figura 20. Marque um X a lápis na coluna "Ensino", na altura da linha correspondente aos programas ou etapas de um programa que você está ensinando no momento; na linha dos programas que ainda não entraram em ensino, você deve marcar um X na coluna "Não ensinado"; na linha dos programas que já foram aprendidos, marque um X na coluna "Manutenção. Quando o aprendiz atingir o critério de aprendizagem em um determinado programa (o critério de aprendizagem será descrito a seguir), você deve apagar o X que está na coluna "Ensino" (na linha do programa aprendido), fazer um novo X na coluna "Manutenção" (também na altura da linha desse mesmo programa) e escolher um novo programa para o ensino (na linha do programa novo você deve apagar o X da coluna "Não ensinado" e fazer um X em "Ensino"). Todas as vezes que o aprendiz atingir o critério de aprendizagem em um programa, você deve passar para o próximo, fazendo as trocas das marcações em lápis, progressivamente, até que todos os X estejam na coluna "Manutenção". Quando isso acontecer, você pode começar a utilizar o protocolo específico para manutenção (Figura 32). Esse protocolo é simples de ser preenchido; basta colocar a data da realização da atividade e escrever V para acertos, X para erros ou ajudas e - para atividades não realizadas no dia.

Para registrar as atividades de ensino você usará protocolos ABC (Figuras 33, 34, 35, 36, 37, 38, 39 e 40). Na parte superior do protocolo, abaixo do título, você escreverá o nome do aprendiz. Na tabela, você preencherá a data da atividade, o nome do educador e o desempenho do aprendiz em cada pedaço da atividade. Para cada linha que corresponde a um pedaço da atividade, você vai marcando um X em: A caso o aprendiz realize aquela etapa sem ajuda; B se realizar com ajuda; e C se não realizar de maneira alguma.

FIGURA 31 - PROTOCOLO OBJETIVOS E METAS DE UTENSÍLIOS PARA ALIMENTAÇÃO

1.2 UTENSÍLIOS PARA ALIMENTAÇÃO

UTENSÍLIOS		Situação		
		Não ensinado	Ensino	Manutenção
1.2.1 Usar a colher				
1.2.2 Usar o garfo	Para fincar			
	Para comer			
1.2.3 Usar a faca	Para empurrar o alimento			
	Para cortar alimentos macios			
	Para cortar alimentos duros			
	Para espalhar o alimento			
1.2.4 Usar o guardanapo				

FIGURA 32 - PROTOCOLO MANUTENÇÃO DE UTENSÍLIOS PARA ALIMENTAÇÃO

1.2 UTENSÍLIOS PARA ALIMENTAÇÃO e 1.3 RECIPENTES PARA LÍQUIDOS MANUTENÇÃO

Aprendiz:______________________ Educador:______________________

HABILIDADES	DATAS													
Usar a colher														
Usar o garfo (fincar o alimento)														
Usar o garfo (comer)														
Usar a faca para empurrar o alimento														
Usar a faca para cortar alimentos macios														
Usar a faca para cortar alimentos duros														
Usar a faca para espalhar o alimento														
Usar o guardanapo														
Usar o copo														
Servir líquidos														
Total de acertos														

V SEM AJUDA | X COM AJUDA OU NÃO FEZ | — PROGRAMA NÃO REALIZADO

FIGURA 33 - PROTOCOLO ABC USAR A COLHER

1.2.1 USAR A COLHER

Aprendiz:____

DATA																											
EDUCADOR																											
DESEMPENHO	A	B	C	A	B	C	A	B	C	A	B	C	A	B	C	A	B	C	A	B	C	A	B	C	A	B	C
1. Pegar a colher																											
2. Levar a colher até o alimento																											
3. Colocar a comida na colher																											
4. Levar a colher cheia até a boca																											
5. Retirar o alimento com os lábios																											
6. Colocar a colher na borda do prato																											

A - SEM AJUDA | B - COM AJUDA | C - NÃO FEZ

FIGURA 34 - PROTOCOLO ABC USAR O GARFO PARA FINCAR

1.2.2 - USAR O GARFO PARA FINCAR

Aprendiz:____

DATA																											
EDUCADOR																											
DESEMPENHO	A	B	C	A	B	C	A	B	C	A	B	C	A	B	C	A	B	C	A	B	C	A	B	C	A	B	C
1. Pegar o garfo																											
2. Levar o garfo até o alimento																											
3. Espetar o alimento com o garfo																											
4. Levar o garfo com alimento a boca																											
5. Retirar o alimento com os lábios																											
6. Colocar o garfo na borda do prato																											

A - SEM AJUDA | B - COM AJUDA | C - NÃO FEZ

FIGURA 35 - PRCTOCOLO ABC USAR O GARFO PARA COMER

1.2.2 USAR O GARFO PARA COMER

Aprendiz:____________________

DATA																											
EDUCADOR																											
DESEMPENHO	A	B	C	A	B	C	A	B	C	A	B	C	A	B	C	A	B	C	A	B	C	A	B	C	A	B	C
1. Pegar o garfo																											
2. Levar o garfo até o alimento																											
3. Colocar o alimento no garfo																											
4. Levar o garfo com alimento a boca																											
5. Retirar o alimento com os lábios																											
6. Colocar o garfo na borda do prato																											

A - SEM AJUDA | B - COM AJUDA | C - NÃO FEZ

FIGURA 36 - PROTOCOLO ABC USAR A FACA PARA EMPURRAR O ALIMENTO

1.2.3 USAR A FACA PARA EMPURRAR O ALIMENTO

Aprendiz: ____________________

DATA																											
EDUCADOR																											
DESEMPENHO	A	B	C	A	B	C	A	B	C	A	B	C	A	B	C	A	B	C	A	B	C	A	B	C	A	B	C
1. Pegar o garfo																											
2. Colocar o garfo na frente ou atrás do alimento																											
3. Pegar a faca																											
4. Posicionar a faca atrás ou a frente do alimento																											
5. Empurrar o alimento com a faca até o garfo																											

A - SEM AJUDA | B - COM AJUDA | C - NÃO FEZ

FIGURA 37 - PROTOCOLO ABC USAR A FACA PARA CORTAR ALIMENTOS MACIOS

1.2.3 USAR A FACA PARA CORTAR ALIMENTOS MACIOS

Aprendiz:____________________________

DATA																											
EDUCADOR																											
DESEMPENHO	A	B	C	A	B	C	A	B	C	A	B	C	A	B	C	A	B	C	A	B	C	A	B	C	A	B	C
1. Pegar o garfo																											
2. Fincar o garfo no alimento																											
3. Pegar a faca																											
4. Colocar a faca em cima do alimento																											
5. Apertar a faca sobre o alimento																											

A - SEM AJUDA | B - COM AJUDA | C - NÃO FEZ

FIGURA 38 - PROTOCOLO ABC USAR A FACA PARA CORTAR ALIMENTOS DUROS

1.2.3 USAR A FACA PARA CORTAR ALIMENTOS DUROS

Aprendiz:____

DATA																											
EDUCADOR																											
DESEMPENHO	A	B	C	A	B	C	A	B	C	A	B	C	A	B	C	A	B	C	A	B	C	A	B	C	A	B	C
1. Pegar o garfo																											
2. Fincar o garfo no alimento																											
3. Pegar a faca																											
4. Colocar a faca em cima do alimento																											
5. Deslizar a faca sobre o alimento (p/frente e p/trás)																											

A - SEM AJUDA | B - COM AJUDA | C - NÃO FEZ

FIGURA 39 - PROTOCOLO ABC USAR A FACA PARA ESPALHAR ALIMENTOS

1.2.3 USAR A FACA PARA ESPALHAR O ALIMENTO

Aprendiz:______________________________

DATA																											
EDUCADOR																											
DESEMPENHO	A	B	C	A	B	C	A	B	C	A	B	C	A	B	C	A	B	C	A	B	C	A	B	C	A	B	C
1. Pegar a faca																											
2. Colocar a quantidade adequada do alimento mole na faca																											
3. Passar a faca com o alimento mole no alimento mais duro																											
4. Espalhar o alimento mole																											

A - SEM AJUDA | B - COM AJUDA | C - NÃO FEZ

FIGURA 40 - PROTOCOLO ABC USAR O GUARDANAPO

1.2.4 USAR O GUARDANAPO

Aprendiz:______________________________

DATA																											
EDUCADOR																											
DESEMPENHO	A	B	C	A	B	C	A	B	C	A	B	C	A	B	C	A	B	C	A	B	C	A	B	C	A	B	C
1. Pegar o guardanapo																											
2. Levar o guardanapo até a boca																											
3. Passar o guardanapo de um lado da boca																											
4. Passar o guardanapo do outro lado da boca																											
5. Limpar as mãos																											
6. Colocar o guardanapo na mesa																											

A - SEM AJUDA | B - COM AJUDA | C - NÃO FEZ

5.4.7 CRITÉRIO DE APRENDIZAGEM DOS PROGRAMAS DE UTENSÍLIOS PARA ALIMENTAÇÃO

Quando o aprendiz obtiver três registros seguidos no protocolo ABC, com 100% das marcações em A, considera-se que ele aprendeu aquele Programa de Ensino; nesse caso, inicia-se o ensino de um novo programa.

5.4.8 MANUTENÇÃO

O educador deve se preocupar em manter as habilidades aprendidas fazendo o registro no protocolo de Manutenção (Figura 32). Esse protocolo deve ser utilizado diariamente por três meses, depois semanalmente por mais seis meses, e caso o aprendiz permaneça com 100% das marcações em V no último mês, pode-se parar o registro. Lembre-se sempre de garantir que o aprendiz mantenha as habilidades aprendidas e as utilize em contextos variados.

5.5 RECIPIENTES PARA LÍQUIDOS (1.3)

Nessa área há dois programas de ensino: Usar o copo (1.3.1) e Servir líquidos de um recipiente (1.3.2). Os comportamentos que compõem cada um dos programas serão descritos a seguir.

5.5.1 USAR O COPO (1.3.1)

Inicialmente você pode utilizar um copo com tampa, alça e de fácil manuseio. Gradativamente você pode começar a exigir mais do aprendiz, substituindo o copo com tampa por um sem tampa. Os comportamentos que compõem o uso do copo são (Figura 41): pegar o copo de maneira adequada (uma ou duas mãos); levar o copo até a boca; manter o copo na boca e beber o líquido; e colocar o copo em cima da mesa (sem virar o copo ou derramar o líquido).

FIGURA 41 - USAR O COPO

FIGURA 41 - USAR O COPO

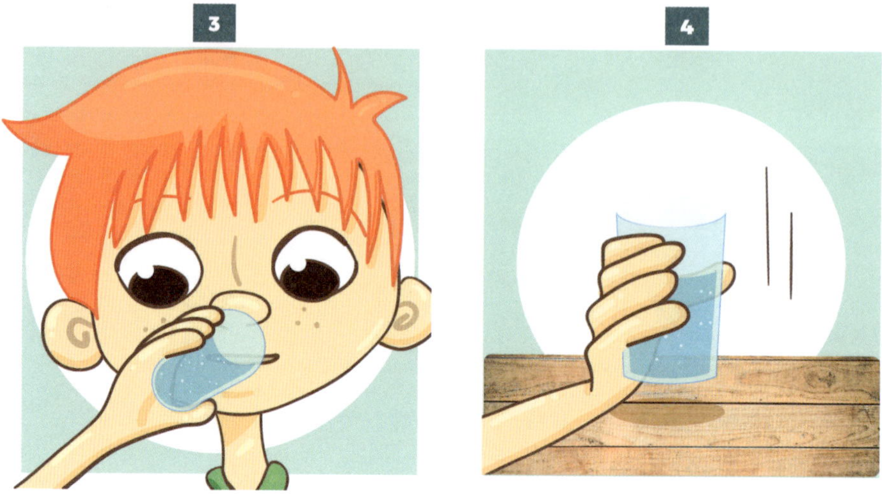

5.5.2 SERVIR LÍQUIDOS DE UM RECIPIENTE (1.3.2)

Servir líquidos de um recipiente é uma habilidade difícil e que exige um controle maior dos membros superiores (coordenação e força). O aprendiz precisa planejar o movimento e medir a força necessária para levantar e virar o recipiente com o líquido. Deve-se iniciar o ensino dessa habilidade com o uso de recipientes leves, menores e com pouco líquido. Progressivamente o aprendiz tende a melhorar o desempenho e, nesse caso, o educador pode exigir cada vez mais. Os comportamentos que compõem esse programa são: pegar o recipiente com o líquido; abrir o recipiente; posicionar o recipiente em direção ao copo; virar o recipiente com líquido; colocar a quantidade adequada (sem derramar); colocar o recipiente em cima da mesa; e fechar o recipiente (Figura 42).

FIGURA 42 - SERVIR LÍQUIDOS DE UM RECIPIENTE

5.5.3 PROCEDIMENTO GERAL DE ENSINO: RECIPIENTES PARA LÍQUIDOS

Nessa subdivisão o educador deve seguir os mesmos procedimentos descritos em Utensílios para Alimentação.

5.5.4 PROTOCOLOS

Aqui também serão utilizados protocolos de Objetivos e Metas (Figura 43), ABC (Figuras 44 e 45) e Manutenção (Figura 32 apresentada anteriormente), que serão preenchidos conforme descrito em Utensílios para Alimentação.

5.5.5 CRITÉRIO DE APRENDIZAGEM E MANUTENÇÃO

Os critérios de aprendizagem e de manutenção são os mesmo que foram descritos em Utensílios para Alimentação.

FIGURA 43 - PROTOCOLO OBJETIVOS E METAS DE RECIPIENTES PARA LÍQUIDOS

1.3 RECIPIENTES PARA LÍQUIDOS

Aprendiz:____

RECIPIENTES		SITUAÇÃO		
		Não ensinado	Ensino	Manutenção
1.3.1 Usar o copo	Com tampa			
	Sem tampa			
1.3.2 Servir líquidos de um recipiente				

FIGURA 44 - PROTOCOLO ABC USAR O COPO

1.3.1 USAR O COPO

Aprendiz:______________________________ Tipo de copo: ( ) com tampa ( ) sem tampa

DATA																											
EDUCADOR																											
DESEMPENHO	A	B	C	A	B	C	A	B	C	A	B	C	A	B	C	A	B	C	A	B	C	A	B	C	A	B	C
1. Pegar o copo de maneira adequada																											
2. Levar o copo até a boca																											
3. Manter o copo na boca e beber o líquido																											
4. Colocar o copo em cima da mesa																											

A - SEM AJUDA | B - COM AJUDA | C - NÃO FEZ

FIGURA 45 - PROTOCOLO ABC SERVIR LÍQUIDOS DE UM RECIPIENTE

1.3.2 SERVIR LÍQUIDOS DE UM RECIPIENTE

Aprendiz:____

DATA																											
EDUCADOR																											
DESEMPENHO	A	B	C	A	B	C	A	B	C	A	B	C	A	B	C	A	B	C	A	B	C	A	B	C	A	B	C
Pegar o recipiente com o líquido																											
Abrir o recipiente																											
Posicionar o recipiente em direção ao copo																											
Virar o recipiente com o líquido																											
Colocar a quantidade adequada																											
Colocar o recipiente em cima da mesa																											
Fechar o recipiente																											

A - SEM AJUDA | **B - COM AJUDA** | **C - NÃO FEZ**

"Não se preocupe com a
quantidade de alimentos;
o objetivo inicial
não é garantir
a quantidade de
alimentos novos e
sim a variedade"

6

HABILIDADES DE HIGIENE PESSOAL

Tomar banho, escovar os dentes e lavar as mãos são exemplos de atividades que devemos realizar diariamente e que garantem a boa saúde, o bem-estar e a independência. A capacidade de realizar essas atividades sem auxílio de um cuidador pode melhorar a qualidade de vida de uma pessoa, da família e aumentar as possibilidades de inserção na sociedade. Uma pessoa que sabe ler, escrever, fazer contas, mas que não consegue tomar banho sozinha, terá dificuldades na vida adulta e esse bom repertório de habilidades acadêmicas terá pouca serventia se a pessoa não tiver habilidades para cuidar de si mesma. Ensinar habilidades de higiene pessoal a uma pessoa com autismo pode melhorar a qualidade de vida dela e da família, além de aumentar as chances de uma vida adulta com mais independência e autonomia.

Habilidades de higiene pessoal são complexas por serem compostas por muitos comportamentos, por isso podem demandar muito tempo para serem aprendidas e refinadas. Pessoas com autismo podem apresentar dificuldades em aprender essas habilidades e o educador precisará de um bom planejamento e do uso de estratégias de ensino adequadas. Neste capítulo, apresentaremos estratégias para o ensino de habilidades de higiene pessoal.

6.1 O QUE ESPERAR EM CADA PERÍODO DE IDADE

A criança aprende habilidades de higiene pessoal gradativamente, começando com comportamentos mais simples e passando aos poucos para os mais complexos. Algumas habilidades são bastante complexas e exigem um refinamento motor para que se tenha qualidade e independência. Um exemplo disso é a habilidade de tomar banho, que a criança típica começa a aprender aos 2 anos, mas só vai ganhar independência por volta dos 6 anos. A Figura 46 (na página a seguir) apresenta habilidades relacionadas à higiene pessoal que são tipicamente esperadas entre 0 e 6 anos.

FIGURA 46 - HABILIDADES DE HIGIENE PESSOAL ENTRE 0 E 6 ANOS

IDADE	HABILIDADES
ATÉ 2 ANOS	- Escovar os dentes imitando um adulto, seguindo todos os passos - Lavar as mãos com auxílio - Identificar pelo menos 5 partes do corpo - Auxiliar na hora do banho
ATÉ 3 ANOS	- Lavar e secar as mãos com pouco auxílio - Secar o rosto quando recebe uma toalha de um adulto - Tomar banho com auxílio
ATÉ 4 ANOS	- Limpar e assoar o nariz com auxílio - Escovar os dentes com pouco auxílio - Pendurar toalhas em ganchos que estão na altura da criança
ATÉ 5 ANOS	- Lavar as mãos e o rosto com independência - Limpar e assoar o nariz com independência - Escovar os dentes apenas com instrução verbal
ATÉ 6 ANOS	- Escovar os dentes com independência - Tomar banho com independência

6.2 ENSINANDO HABILIDADES DE HIGIENE PESSOAL

A área de Habilidades de Higiene Pessoal é composta por cinco subdivisões: Higiene oral (2.1); Cuidado com o corpo (2.2); Cuidado com os cabelos (2.3); Cuidado com o rosto (2.4); e Cuidado com a mãos (2.5). Cada subdivisão é composta por Programas de Ensino variados. São eles: Permitir a escovação dos dentes (2.1.1); Escovar os dentes (2.1.2); Passar o fio dental (2.1.3); Tomar banho (2.2.1); Enxugar o corpo (2.2.2); Lavar os cabelos (2.3.1); Secar os cabelos (2.3.2); Pentear os cabelos (2.3.3); Lavar o rosto (2.4.1); Secar o rosto (2.4.2); Lavar as mãos (2.5.1); e Enxugar as mãos (2.5.2).

A Figura 47 apresenta uma rota para auxiliar na implementação dos programas de higiene pessoal em uma sequência que facilite o ensino. Os programas podem ser inseridos seguindo a sequência dos retângulos em cinza, de cima par baixo. O primeiro programa a ser ensinado é o 2.1.1, posteriormente 2.4.2, 2.5.2, 2.2.1, 2.2.2 e 2.3.2. Os programas nos retângulos em azul têm como requisito os programas que estão nos retângulos em cinza; os em laranja têm os programas em azul como requisito. Lembre-se de que essa é uma rota específica para a introdução dos programas de higiene pessoal e que para ensinar habilidades de autocuidados de maneira intensiva e ampla você deve seguir também a rota de ensino geral que está na Figura 12 do Capítulo 3. A seguir serão apresentados os Programas de Ensino com a descrição dos procedimentos, protocolos e critérios de aprendizagem.

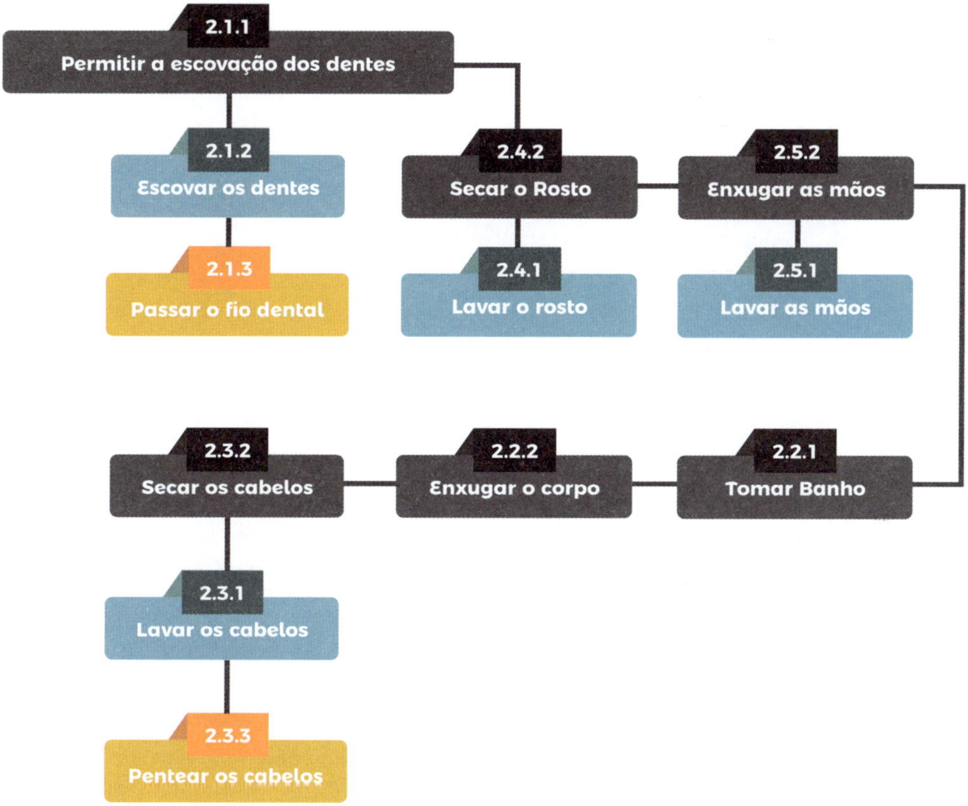

FIGURA 47 - ROTA PARA HABILIDADES DE HIGIENE PESSOAL

6.3 PROTOCOLOS

Na área de Habilidades de Higiene Pessoal serão utilizados quatro tipos de protocolos; Objetivos e Metas, Descritivo, ABC e Manutenção (ver modelo nas Figuras 13, 14, 15 e 16 do Capítulo 4). O protocolo de Objetivos e Metas será utilizado para administrar o ensino dos programas; o protocolo Descritivo será utilizado apenas no programa Permitir a escovação dos dentes (2.1.1); o protocolo ABC será utilizado para o registro das atividades em todos os outros programas dessa área; e o protocolo de Manutenção será utilizado após a aprendizagem dos programas.

O protocolo de Objetivos e Metas tem a função de ajudar na administração dos Programas de Ensino (Figura 48). Esse protocolo auxiliará na organização do que será ensinado agora, o que será ensinado posteriormente e o que já foi aprendido. Para o início do ensino você deve seguir a rota de introdução dos programas apresentada anteriormente na Figura 47. Marque um X a lápis na coluna "Ensino", na altura da linha correspondente aos programas que você está ensinando no momento; na linha dos programas que ainda não entraram em ensino, você deve marcar um X na coluna "Não ensinado"; na linha dos programas que já foram aprendidos, marque um X na coluna "Manutenção. Quando o aprendiz atingir o critério de aprendizagem em um determinado programa (o critério de aprendizagem será descrito a seguir), você deve apagar o X que está na coluna "Ensino" (na linha do programa aprendido), fazer um novo X na coluna "Manutenção" (também na altura da linha desse mesmo programa) e escolher um novo programa para o ensino (na linha do programa novo você deve apagar o X da coluna "Não ensinado" e fazer um X em "Ensino"). Todas as vezes que o aprendiz atingir o critério de aprendizagem em um programa, você deve passar para o próximo, fazendo as trocas das marcações em lápis, progressivamente, até que todos os X estejam na coluna "Manutenção". Quando isso acontecer, você pode começar a utilizar o protocolo específico para manutenção (Figura 49). Esse protocolo é simples de ser preenchido; basta colocar a data da realização da atividade e escrever V para acertos, X para erros ou ajudas e - para atividades não realizadas no dia.

Para o registro do programa Permitir a escovação dos dentes (2.1.1), você utilizará um protocolo Descritivo (Figura 50). Inicialmente o educador deverá escrever no protocolo o nome do aprendiz. A cada dia de ensino deve-se preencher: a data da atividade; o nome do educador; e as reações do aprendiz (ex.: ficou nervoso, permitiu colocar a escova de dentes na boca ou permitiu escovar os dentes parcialmente). Além disso, o educador deve marcar em "COLABORAÇÃO" qual das figuras corresponde ao desempenho do aprendiz na atividade, seguindo os critérios descritos na legenda na parte inferior do protocolo. Esse registro te auxiliará a perceber e a acompanhar o progresso do aprendiz ao longo do tempo, em relação a permitir que a escovação de dentes seja realizada pelo educador. Lembre-se de que o registro deve ser feito imediatamente após a escovação e não muito tempo depois, pois informações importantes podem ser esquecidas.

Para registrar as atividades de ensino de todos os outros programas (do 2.1.2 ao 2.5.2), você usará protocolos ABC (Figuras 51, 52, 53, 54, 55, 56, 57, 58, 59, 60 e 61). Na parte superior do protocolo, abaixo do título, você escreverá o nome aprendiz. Na tabela, você preencherá a data da atividade e o desempenho do aprendiz em cada pedaço da atividade. Para cada linha que corresponde a um pedaço da atividade, você vai marcando um X em: A caso o aprendiz realize aquela etapa sem ajuda; B se realizar com ajuda; e C se não realizar de maneira alguma.

FIGURA 48 - PROTOCOLO OBJETIVOS E METAS DE HABILIDADES DE HIGIENE PESSOAL

2. HABILIDADES DE HIGIENE PESSOAL

Aprendiz____

HIGIENE PESSOAL		SITUAÇÃO		
		Não ensinado	Ensino	Manutenção
2.1 Higiene oral	2.1.1 Permitir a escovação dos dentes			
	2.1.2 Escovar os dentes			
	2.1.3 Passar o fio dental			
2.2 Cuidado com o corpo	2.2.1 Tomar banho			
	2.2.2 Enxugar o corpo			
2.3 Cuidado com os cabelos	2.3.1 Lavar os cabelos			
	2.3.2 Secar os cabelos			
	2.3.3 Pentear os cabelos			
2.4 Cuidado com o rosto	2.4.1 Lavar o rosto			
	2.4.2 Secar o rosto			
2.5 Cuidado com as mãos	2.5.1 Lavar as mãos			
	2.5.2 Enxugar as mãos			

FIGURA 49 - PROTOCOLO MANUTENÇÃO DE HABILIDADES DE HIGIENE PESSOAL

2. HABILIDADES DE HIGIENE PESSOAL

Aprendiz:______________________________ Educador:______________________________

HABILIDADES	DATAS													
Escovar os dentes														
Passar o fio dental														
Tomar banho														
Enxugar o corpo														
Lavar os cabelos														
Secar os cabelos														
Pentear os cabelos														
Lavar o rosto														
Secar o rosto														
Lavar as mãos														
Enxugar as mãos														
Total de acertos														

V SEM AJUDA | X COM AJUDA OU NÃO FEZ | — PROGRAMA NÃO REALIZADO

FIGURA 50 - PROTOCOLO DESCRITIVO DE PERMITIR A ESCOVAÇÃO DOS DENTES

2.1.1 PERMITIR A ESCOVAÇÃO DOS DENTES

Aprendiz:______________________ Educador______________

Procedimento: Preencha a data e as reações do aprendiz durante a tentativa de escovação (ex. não aceitou, ficou irritado ou ficou tranquilo). Marque também um X na ilustração que representa melhor a colaboração do aprendiz na atividade.

DATA	REAÇÕES DO APRENDIZ	COLABORAÇÃO

COLABOROU | COLABOROU PARCIALMENTE | NÃO COLABOROU

FIGURA 51 - PROTOCOLO ABC ESCOVAR OS DENTES

2.1.2 ESCOVAR OS DENTES

Aprendiz:____

DATA																											
EDUCADOR																											
DESEMPENHO	A	B	C	A	B	C	A	B	C	A	B	C	A	B	C	A	B	C	A	B	C	A	B	C	A	B	C
Pegar a pasta de dente																											
Abrir a pasta de dente																											
Pegar a escova de dente																											
Colocar pasta na escova																											
Fechar a pasta de dente																											
Guardar a pasta de dente																											
Abrir a torneira																											
Molhar a escova																											
Fechar a torneira																											
Escovar os dentes inferiores																											
Escovar os dentes superiores																											
Escovar os dentes da frente																											
Escovar a língua																											
Abrir a torneira																											
Lavar a escova de dente																											
Guardar a escova de dente																											
Lavar a boca e/ou cuspir																											
Fechar a torneira																											

A - SEM AJUDA | B - COM AJUDA | C - NÃO FEZ

2.1.3 PASSAR O FIO DENTAL

Aprendiz:____

DATA																											
EDUCADOR																											
DESEMPENHO	A	B	C	A	B	C	A	B	C	A	B	C	A	B	C	A	B	C	A	B	C	A	B	C	A	B	C
Pegar a caixinha																											
Abrir a caixinha																											
Puxar o fio																											
Cortar um pedaço do fio																											
Fechar a caixinha																											
Guardar a caixinha																											
Passar nos dentes da frente (inferiores)																											
Passar nos dentes laterais (inferiores)																											
Passar nos dentes da frente (superiores)																											
Passar nos dentes laterais (superiores)																											
Jogar o fio no lixo																											

A - SEM AJUDA | B - COM AJUDA | C - NÃO FEZ

FIGURA 53 - PROTOCOLO ABC TOMAR BANHO

2.2.1 TOMAR BANHO

Aprendiz:____

DATA																											
EDUCADOR																											
DESEMPENHO	A	B	C	A	B	C	A	B	C	A	B	C	A	B	C	A	B	C	A	B	C	A	B	C	A	B	C
Entrar no box																											
Abrir a torneira																											
Molhar o corpo																											
Pegar a bucha																											
Molhar a bucha																											
Pegar o sabão																											
Passar o sabão na bucha																											
Guardar o sabão																											
Passar a bucha no peito e na barriga																											
Passar a bucha nos braços																											
Passar a bucha no pescoço																											
Passar a bucha nas pernas																											
Passar a bucha nos pés																											
Passar a bucha nos genitais																											
Passar a bucha nas costas																											
Retirar o sabão da bucha																											
Guardar a bucha																											
Retirar o sabão do corpo																											
Fechar a torneira																											

A - SEM AJUDA | B - COM AJUDA | C - NÃO FEZ

FIGURA 54 - ENXUGAR O CORPO

2.2.2 ENXUGAR O CORPO

Aprendiz:_______________

DATA																											
EDUCADOR																											
DESEMPENHO	A	B	C	A	B	C	A	B	C	A	B	C	A	B	C	A	B	C	A	B	C	A	B	C	A	B	C
Pegar a toalha																											
Enxugar a cabeça																											
Enxugar o rosto																											
Enxugar o pescoço																											
Enxugar os braços																											
Enxugar o peito e a barriga																											
Enxugar os genitais																											
Enxugar as costas																											
Enxugar as pernas																											
Enxugar os pés																											
Pendurar a toalha																											

A - SEM AJUDA | B - COM AJUDA | C - NÃO FEZ

FIGURA 55 - LAVAR OS CABELOS

2.3.1 LAVAR OS CABELO

Aprendiz:____________________________________

DATA																											
EDUCADOR																											
DESEMPENHO	A	B	C	A	B	C	A	B	C	A	B	C	A	B	C	A	B	C	A	B	C	A	B	C	A	B	C
Pegar o xampu																											
Abrir o recipiente																											
Colocar o xampu na mão																											
Passar a mão com xampu na cabeça																											
Fechar o recipiente																											
Guardar o recipiente																											
Espalhar o xampu na cabeça/esfregar																											
Enxaguar o cabelo																											
Pegar o condicionador																											
Abrir o recipiente																											
Colocar o condicionador na mão																											
Passar a mão com condicionador na cabeça																											
Fechar o recipiente																											
Guardar o recipiente																											
Espalhar o condicionador na cabeça																											
Enxaguar o cabelo																											

A - SEM AJUDA | B - COM AJUDA | C - NÃO FEZ

FIGURA 56 - PROTOCOLO ABC SECAR OS CABELOS

2.3.2 - SECAR OS CABELOS

Aprendiz: ____________________

DATA																											
EDUCADOR																											
DESEMPENHO	A	B	C	A	B	C	A	B	C	A	B	C	A	B	C	A	B	C	A	B	C	A	B	C	A	B	C
Pegar a toalha																											
Colocar a toalha em cima da cabeça																											
Esfregar a toalha na parte de cima da cabeça																											
Esfregar a toalha na parte de trás da cabeça																											
Esfregar a toalha na lateral direita da cabeça																											
Esfregar a toalha na lateral esquerda da cabeça																											

A - SEM AJUDA | B - COM AJUDA | C - NÃO FEZ

FIGURA 57 - PROTOCOLO ABC PENTEAR OS CABELOS

2.3.3 PENTEAR OS CABELOS

Aprendiz: ______________________________

DATA																											
EDUCADOR																											
DESEMPENHO	A	B	C	A	B	C	A	B	C	A	B	C	A	B	C	A	B	C	A	B	C	A	B	C	A	B	C
Pegar o pente ou escova																											
Levar o pente ou escova até o cabelo																											
Pentear a parte da frente																											
Pentear um lado																											
Pentear o outro lado																											
Pentear atrás																											
Guardar o pente ou escova																											

A - SEM AJUDA | B - COM AJUDA | C - NÃO FEZ

FIGURA 58 - PROTOCOLO ABC LAVAR O ROSTO

2.4.1 LAVAR O ROSTO

Aprendiz:______________________________

DATA																											
EDUCADOR																											
DESEMPENHO	A	B	C	A	B	C	A	B	C	A	B	C	A	B	C	A	B	C	A	B	C	A	B	C	A	B	C
Abrir a torneira																											
Molhar as mãos																											
Passar as mãos molhadas no rosto																											
Pegar o sabão																											
Passar o sabão nas mãos																											
Guardar o sabão																											
Fechar os olhos																											
Passar as mãos com sabão no rosto																											
Manter os olhos fechados																											
Enxaguar as mãos																											
Enxaguar o rosto																											
Fechar a torneira																											

A - SEM AJUDA | B - COM AJUDA | C - NÃO FEZ

FIGURA 59 - PROTOCOLO ABC SECAR O ROSTO

2.4.2 SECAR O ROSTO

Aprendiz:______________________________

DATA																											
EDUCADOR																											
DESEMPENHO	A	B	C	A	B	C	A	B	C	A	B	C	A	B	C	A	B	C	A	B	C	A	B	C	A	B	C
Pegar a toalha																											
Secar a testa																											
Secar a região dos olhos																											
Secar as bochechas																											
Secar o nariz																											
Secar a boca																											
Secar o queixo																											
Pendurar a toalha																											

A - SEM AJUDA | B - COM AJUDA | C - NÃO FEZ

FIGURA 69 - PROTOCOLO ABC LAVAR AS MÃOS

2.5.1 LAVAR AS MÃOS

Aprendiz:____

DATA																											
EDUCADOR																											
DESEMPENHO	A	B	C	A	B	C	A	B	C	A	B	C	A	B	C	A	B	C	A	B	C	A	B	C	A	B	C
Abrir a torneira																											
Molhar as mãos																											
Pegar o sabonete																											
Passar o sabonete nas mãos																											
Guardar o sabonete																											
Esfregar uma mão na outra																											
Enxaguar as mãos																											
Fechar a torneira																											

A - SEM AJUDA | B - COM AJUDA | C - NÃO FEZ

FIGURA 61 - PROTOCOLO ABC ENXUGAR AS MÃOS

2.5.2 ENXUGAR AS MÃOS

Aprendiz:____________________

DATA																											
EDUCADOR																											
DESEMPENHO	A	B	C	A	B	C	A	B	C	A	B	C	A	B	C	A	B	C	A	B	C	A	B	C	A	B	C
Pegar a toalha																											
Passar a toalha na palma de uma mão																											
Virar a mão																											
Passar a toalha no dorso da mão																											
Trocar a toalha de mão																											
Passar a toalha na palma da outra mão																											
Virar a outra mão																											
Passar a toalha no dorso da outra mão																											
Pendurar a toalha																											

A - SEM AJUDA | B - COM AJUDA | C - NÃO FEZ

6.3.1 CRITÉRIO DE APRENDIZAGEM DOS PROGRAMAS COM PROTOCOLO ABC

Quando o aprendiz obtiver três registros seguidos no protocolo ABC, com 100% das marcações em A, considera-se que ele aprendeu aquele Programa de Ensino; nesse caso, inicia-se o ensino de um novo programa.

6.3.2 MANUTENÇÃO DOS PROGRAMAS COM PROTOCOLO ABC

O educador deve se preocupar em manter as habilidades aprendidas fazendo o registro no protocolo de Manutenção (Figura 49). Esse protocolo deve ser utilizado diariamente por três meses, depois semanalmente por mais seis meses, e caso o aprendiz permaneça com 100% das marcações em V no último mês, pode-se parar o registro. Lembre-se sempre de garantir que o aprendiz mantenha as habilidades aprendidas e as utilize em contextos variados.

6.4 HIGIENE ORAL (2.1)

A higiene oral envolve atividades relacionadas ao cuidado com a boca. A escovação dos dentes realizada de maneira adequada mantém os dentes saudáveis e previne uma série de doenças. Algumas pessoas com autismo podem apresentar dificuldade no processo de aprendizagem dessas habilidades e o uso de estratégias adequadas pode auxiliá-las.

Essa subdivisão é composta por três Programas de Ensino: 2.1.1 Permitir a escovação de dentes; 2.1.2 Escovar os dentes; e 2.1.3 Passar o fio dental. Os programas e suas etapas serão descritos a seguir.

6.4.1 PERMITIR A ESCOVAÇÃO DOS DENTES (2.1.1)

6.4.1.1 DEFINIÇÃO

Esse é o primeiro programa de higiene oral a ser inserido e visa ensinar ao aprendiz a aceitar a escovação dos dentes realizada pelo educador. Trata-se de um programa extremante importante, pois se o aprendiz não permite que a escovação seja realizada pelo educador, certamente não engajará em uma atividade com o propósito de ensiná-lo a escovar os próprios dentes. Muitas pessoas com autismo podem demostrar dificuldades importantes nessa tarefa, apresentando recusa extrema em aceitar a escova de dentes na boca, problemas de comportamento difíceis de serem administrados (ex.: choro persistente e agressividade) e até ânsia de vômito durante a escovação.

6.4.1.2 PROCEDIMENTOS DE ENSINO

Permitir que a escovação dos dentes seja realizada de maneira adequada pelo educador pode ser uma tarefa bem difícil, tanto para a pessoa com autismo quanto para o educador, por isso é necessário tranquilidade, paciência e persistência por parte do educador. Semelhante ao que acontece no processo de inserção de alimentos novos, podemos observar aspectos "comportamentais" e "sensoriais" na recusa da escovação dos dentes (lembrando que essa é uma divisão apenas didática e que na prática esses aspectos se misturam). Os aspectos comportamentais envolvem fatores relativos à maneira como os cuidadores fazem a escovação; como lidam com as recusas do aprendiz (ex. se desistem, se seguram, se tentam distrair) e; a rotina de escovação do aprendiz (horários e locais). As questões sensoriais referem-se à maneira como o aprendiz reage à pasta e à escova de dentes na boca (ex.: ânsia de vômito).

A seguir serão apresentadas algumas estratégias, que, em conjunto, podem auxiliar no ensino dessa habilidade:

1. Lembre-se de que se trata de um processo de aprendizagem; isso significa que você não vai ver uma aceitação do aprendiz no primeiro dia de atividade. Algumas pessoas com autismo apresentam uma resistência imensa nessa tarefa e chegam a ficar uma semana ou mais sem escovar os dentes. Para esse perfil de aprendiz o processo poderá ser lento e gradativo. Você precisará conquistar a confiança do aprendiz progressivamente, então tenha calma, olhe para frente e respeite o ritmo do aprendiz!

2. A pior coisa a ser feita é segurar o aprendiz; quando você segura, indica que aquela atividade é ruim e que há certo "perigo" em realizá-la. Certamente o aprendiz vai recusar a tarefa! Pense: você toparia fazer alguma coisa que começa com alguém te segurando?

3. Comece com passos pequenos e aumente a exigência gradativamente. Por exemplo, se o aprendiz não aceita pegar na escova nem colocá-la na boca, um bom começo pode ser ensinar ao aprendiz a pegar na escova, sem necessariamente colocá-la na boca.

4. Crie oportunidades agradáveis de aprendizagem; aqui vale usar um brinquedo como modelo, cantar músicas, fazer cócegas e brincar (avalie o que agrada ao seu aprendiz!). Quando você torna a atividade agradável aumentam-se as chances de o aprendiz topar e engajar na tarefa (Figura 62)!

5. No início a atividade não precisa ser realizada necessariamente no banheiro. Algumas pessoas com autismo apresentam resistência até mesmo em entrar no banheiro. Nesse caso, a atividade pode ser realizada inicialmente em um local no qual o aprendiz se sinta confortável e gradativamente você vai direcionando a escovação dos dentes para o banheiro.

6. Prepare a atividade: selecione previamente o local, os materiais a serem utilizados e evite improvisos. Escolha um horário do dia em que há tempo para fazer a atividade e um momento em que o aprendiz está tranquilo.

7. A aceitação da introdução da escova de dentes na boca pode ser o passo mais difícil e você terá que avançar gradativamente nesse propósito. Planeje etapas curtas, ensinando primeiro comportamentos simples, e aumente a exigência gradativamente. Sugerimos a seguinte sequência de ensino que você pode adaptar às necessidades do seu aprendiz : 1) permita que o aprendiz manipule a escova de dentes; 2) encoste a escova de dentes nos lábios do aprendiz; 3) introduza a escova de dentes brevemente na boca do aprendiz; 4) mantenha a escova de dentes por um tempo breve na boca do aprendiz; 5) movimente a escova levemente na boca do aprendiz; 6) escove os dentes parcialmente; 7) escove os dentes por completo, porém rapidamente; e 8) escove os dentes por completo e detalhadamente. Você deve começar com o primeiro passo e só passar para o segundo quando o aprendiz estiver bem adaptado com o primeiro (isso pode demorar dias ou semanas) e assim sucessivamente.

8. O uso inicial de dedeiras ou gaze para fazer a higiene oral de aprendizes que não toleram a escova de dente também é válido. Nesse caso, faça a introdução da escova gradativamente.

9. Observe qual tipo de escova de dente seu aprendiz se adapta melhor: há escovas macias, duras, grandes, pequenas e elétricas. Observe também o tipo de pasta de dente e escolha aquela que o aprendiz se adaptar melhor.

10. Uma maneira boa de aumentar a aceitação e o tempo de permanência da escova de dente na boca é utilizá-la com um alimento que o aprendiz gosta muito. Por exemplo, se o aprendiz adora iogurte, você pode usar a escova de dente (em substituição a colher) para ele comer o iogurte. Dessa maneira o aprendiz vai ficando mais tolerante, associando a escova com algo que gosta muito.

11. Tenha uma rotina de escovação de dentes. Mesmo que o aprendiz não aceite fazer a escovação por completo, tenha uma rotina. Para os aprendizes que apresentam grande resistência, comece fazendo uma escovação por dia; gradativamente aumente para duas e posteriormente para três vezes, para que o aprendiz escove os dentes de manhã, à tarde e à noite (Figura 63).

12. Recompense o esforço do aprendiz em colaborar na tarefa. Vale elogios, brincadeiras e trocas!

13. Seja persistente, não desista e não perca a calma. Haverá dias bons e dias não muito bons, mas seguindo em frente os progressos aparecerão!

14. Conte sempre com o auxílio de profissionais especializados: psicólogos, terapeutas ocupacionais e dentistas podem ser fundamentais nesse processo!

FIGURA 62 - SITUAÇÃO AGRADÁVEL DE APRENDIZAGEM

FIGURA 63 - ROTINA DE ESCOVAÇÃO DE DENTES

6.4.1.3 CRITÉRIO DE APRENDIZAGEM

Considera-se que o aprendiz finalizou esse programa de ensino quando ele é capaz de aceitar que o educador faça a escovação de dentes por três vezes ao dia, em todos os dias de uma mesma semana. Após a aprendizagem você deve parar de registrar no protocolo e iniciar imediatamente o programa Escovar os dentes (2.1.2).

6.4.2 ESCOVAR OS DENTES (2.1.2)

A escovação dos dentes mantém a boca limpa e saudável, prevenindo doenças. No total, 18 comportamentos compõem o programa Escovar os dentes: pegar a pasta de dente; abrir a pasta de dente; pegar a escova de dente; colocar pasta na escova; fechar a pasta de dente; guardar a pasta de dente; abrir a torneira; molhar a escova; fechar a torneira; escovar os dentes inferiores; escovar os dentes superiores; escovar os dentes da frente; escovar a língua; abrir a torneira; lavar a escova de dente; guardar a escova; lavar a boca e/ou cuspir; e fechar a torneira (Figura 64). O protocolo a ser utilizado aqui é da Figura 51.

FIGURA 64 - ESCOVAR OS DENTES

6.4.3 PASSAR O FIO DENTAL (2.1.3)

Passar o fio dental nos dentes é uma habilidade difícil que exige uma coordenação manual mais refinada. No total, 11 comportamentos compõem o programa Passar o fio dental: pegar a caixinha; abrir a caixinha; puxar o fio; cortar o pedaço do fio; fechar a caixinha; guardar a caixinha; passar o fio nos dentes da frente (inferiores); passar o fio nos dentes laterais (inferiores); passar o fio nos dentes da frente (superiores); passar o fio nos dentes laterais (superiores) e jogar o fio no lixo (Figura 65). O protocolo a ser utilizado aqui é da Figura 52.

FIGURA 65 - PASSAR O FIO DENTAL

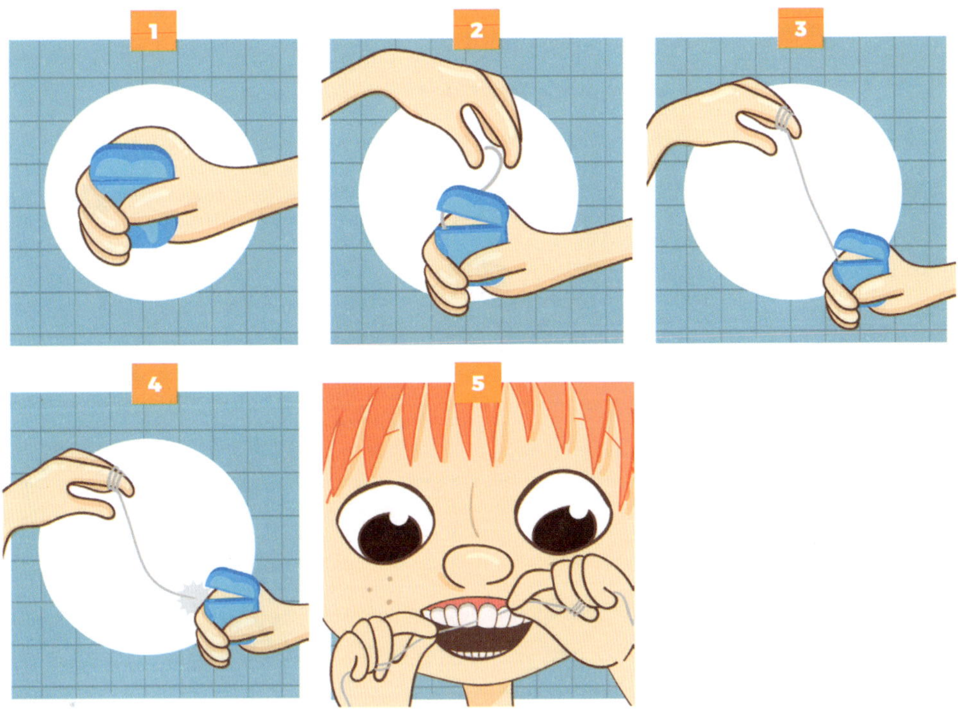

6.4.4 PROCEDIMENTO DE ENSINO E CRITÉRIO DE APRENDIZAGEM: 2.1.2 E 2.1.3

Esses programas devem ser ensinados necessariamente no banheiro. Comece organizando o ambiente e os materiais que serão utilizados; retire do ambiente objetos que possam distrair o aprendiz. Mantenha os objetos a serem utilizados sempre nos mesmos lugares para ajudar o aprendiz a se lembrar dos passos da tarefa. Utilize um espelho para que o aprendiz possa visualizar o que está fazendo. Se o aprendiz não alcançar a pia e o espelho, pode-se utilizar um banquinho para auxiliar (degrau).

O critério de aprendizagem nesses programas é o descrito para os protocolos ABC: três registros seguidos com 100% das marcações em A. Nesse caso, passa-se a usar o protocolo de manutenção (Figura 49) e inicia-se um novo programa de ensino conforme a rota apresentada na Figura 47.

6.5 CUIDADO COM O CORPO (2.2)

Essa subdivisão envolve atividades relacionadas ao cuidado com o próprio corpo. Tomar banho e enxugar o corpo são atividades fundamentais para garantir a saúde, a socialização e a independência. Algumas pessoas com autismo podem apresentar dificuldades no processo de aprendizagem dessas atividades e o uso de estratégias adequadas pode auxiliá-las.

Essa subdivisão é composta por dois Programas de Ensino: 2.2.1 Tomar banho e 2.2.2 Enxugar o corpo. Os programas e suas etapas serão descritos a seguir.

6.5.1 TOMAR BANHO (2.2.1)

Tomar banho é uma habilidade complexa por ser composta por muitas etapas. No total, 19 comportamentos compõem o programa: entrar no box; abrir a torneira; molhar o corpo; pegar a bucha; molhar a bucha; pegar o sabão; passar o sabão na bucha; guardar o sabão; passar a bucha no peito e barriga; passar a bucha nos braços; passar a bucha no pescoço; passar a bucha nas pernas; passar a bucha nos pés; passar a bucha nos genitais; passar a bucha nas costas; retirar o sabão da bucha; guardar a bucha; retirar o sabão do corpo; e fechar a torneira (Figura 66).

FIGURA 66 - TOMAR BANHO

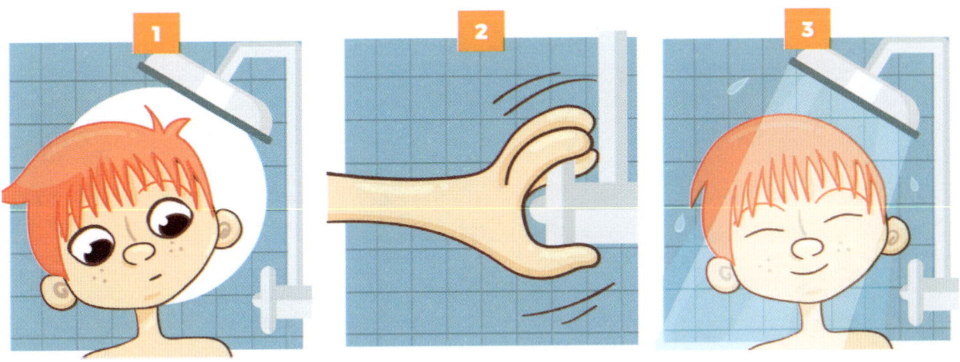

4
5
6
7
8
9
10
11
12
13
14
15

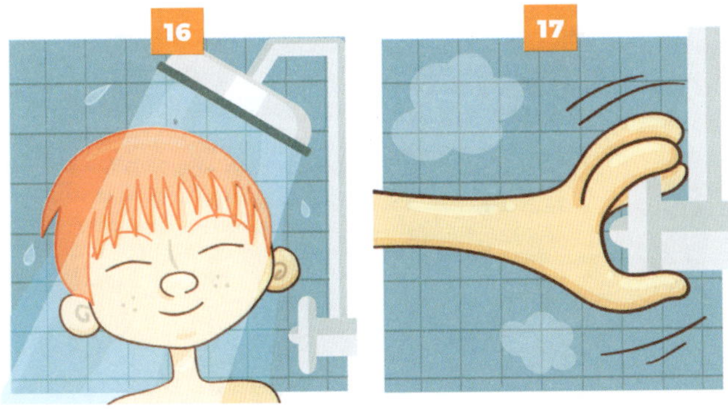

6.5.2 ENXUGAR O CORPO (2.2.2)

Enxugar o corpo também é uma habilidade complexa por ser composta por muitas etapas. No total, 11 comportamentos compõem o programa: pegar a toalha; enxugar a cabeça; enxugar o rosto; enxugar o pescoço; enxugar os braços; enxugar o peito e a barriga; enxugar os genitais; enxugar as costas; enxugar as pernas; enxugar os pés; e pendurar a toalha (Figura 67).

FIGURA 67 - ENXUGAR O CORPO

6.5.3 PROCEDIMENTO DE ENSINO E CRITÉRIO DE APRENDIZAGEM: 2.2.1 E 2.2.2

Comece organizando o ambiente e os materiais que serão utilizados; retire do ambiente objetos que possam distrair o aprendiz. Mantenha os objetos a serem utilizados sempre nos mesmos lugares para ajudar o aprendiz a se lembrar dos passos da tarefa. No banho pode-se adaptar os passos do ensino ao contexto do aprendiz; por exemplo, se o aprendiz não utiliza a bucha, você pode fazer a sequência do banho sem o uso da bucha. No programa Enxugar o corpo pode-se utilizar uma toalha de rosto quando a atividade for realizada com uma criança pequena; toalhas grandes podem ser pesadas e difíceis de serem manuseadas.

O critério de aprendizagem nesses programas é o descrito para os protocolos ABC: três registros seguidos com 100% das marcações em A. Nesse caso, passa-se a usar o protocolo de manutenção (Figura 49) e inicia-se um novo programa de ensino conforme a rota apresentada na Figura 47.

6.6 CUIDADO COM OS CABELOS (2.3)

Essa subdivisão envolve atividades relacionadas ao cuidado com os cabelos e é composta por três Programas de Ensino: 2.3.1 Lavar os cabelos; 2.3.2 Secar os cabelos; e 2.3.3 Pentear os cabelos. Os programas e suas etapas serão descritos a seguir.

6.6.1 LAVAR OS CABELOS (2.3.1)

No total 16, comportamentos compõem o programa: pegar o xampu; abrir o recipiente; colocar o xampu na mão; passar a mão com xampu na cabeça; fechar o recipiente; guardar o recipiente; espalhar o xampu na cabeça (esfregar); enxaguar o cabelo; pegar o condicionador; abrir o recipiente; colocar o condicionador na mão; passar a mão com condicionador na cabeça; fechar o recipiente; guardar o recipiente; espalhar o condicionador na cabeça; e enxaguar o cabelo (Figura 68).

FIGURA 68 - LAVAR OS CABELOS

6.6.2 SECAR OS CABELOS (2.3.2)

No total, 6 comportamentos compõem o programa: pegar a toalha; colocar a toalha em cima da cabeça; esfregar a toalha na parte de cima da cabeça; esfregar a toalha na parte de trás da cabeça; esfregar a toalha na lateral direita da cabeça; e esfregar a toalha na lateral esquerda da cabeça (Figura 69).

FIGURA 69 - SECAR OS CABELOS

6.6.3 PENTEAR OS CABELOS (2.3.3)

No total, 7 comportamentos compõem o programa: pegar o pente ou escova; levar o pente ou escova até o cabelo; pentear a parte da frente; pentear um lado; pentear o outro lado; pentear atrás; e guardar o pente ou escova (Figura 70).

FIGURA 70 - PENTEAR OS CABELOS

6.6.4 PROCEDIMENTO DE ENSINO E CRITÉRIO DE APRENDIZAGEM: 2.3.1, 2.3.2 E 2.3.3

Comece organizando o ambiente e os materiais que serão utilizados; retire do ambiente objetos que possam distrair o aprendiz. Mantenha os objetos a serem utilizados sempre nos mesmos lugares para ajudar o aprendiz a se lembrar dos passos da tarefa. Pode-se adaptar os passos do ensino ao contexto do aprendiz; por exemplo, se o aprendiz não utiliza condicionador, você pode fazer a sequência de lavar os cabelos sem ele. No programa Secar os cabelos pode-se utilizar uma toalha de rosto quando a atividade for realizada com uma criança pequena. No programa Pentear os cabelos observe o tipo de pente ou escova a ser utilizada; escovas pesadas, com cerdas muito duras ou muito macias, podem dificultar a aprendizagem.

O critério de aprendizagem nesses programas é o descrito para os protocolos ABC: três registros seguidos com 100% das marcações em A. Nesse caso, passa-se a usar o protocolo de manutenção (Figura 49) e inicia-se um novo programa de ensino conforme a rota apresentada na Figura 47.

6.7 CUIDADO COM O ROSTO (2.4)

Essa subdivisão envolve atividades relacionadas ao cuidado com o próprio rosto e é composta por dois Programas de Ensino: 2.4.1 Lavar o rosto e 2.4.2 Secar o rosto. Os programas e suas etapas serão descritos a seguir.

6.7.1 LAVAR O ROSTO (2.4.1)

No total 12, comportamentos compõem o programa: abrir a torneira; molhar as mãos; passar as mãos molhadas no rosto; pegar o sabão; passar o sabão nas mãos; guardar o sabão; fechar os olhos; passar as mãos com sabão no rosto; manter os olhos fechados; enxaguar as mãos; enxaguar o rosto; e fechar a torneira (Figura 71).

FIGURA 71 - LAVAR O ROSTO

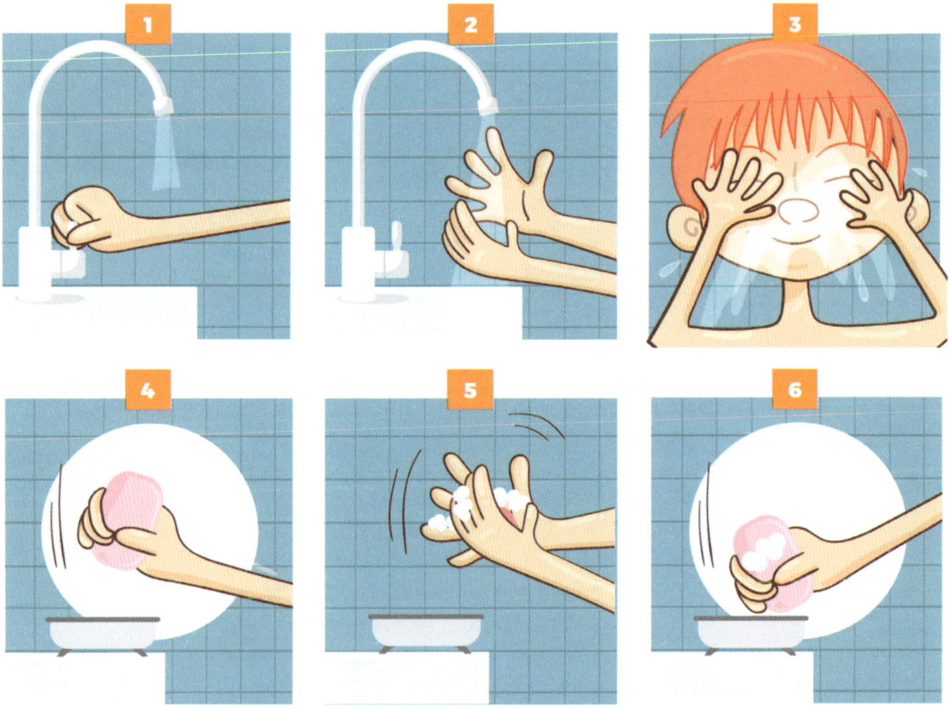

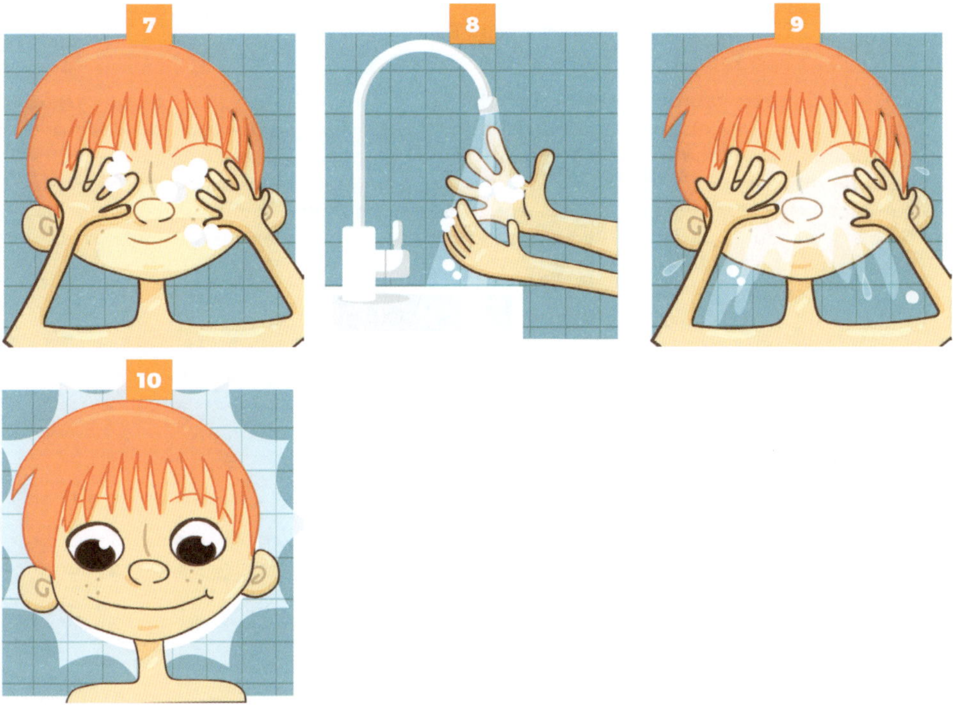

6.7.2 SECAR O ROSTO (2.4.2)

No total, 8 comportamentos compõem o programa: pegar a toalha; secar a testa; secar a região dos olhos; secar as bochechas; secar o nariz; secar a boca; secar o queixo; e pendurar a toalha. (Figura 72).

FIGURA 72 - SECAR O ROSTO

6.7.3 PROCEDIMENTO DE ENSINO E CRITÉRIO DE APRENDIZAGEM: 2.4.1 E 2.4.2

Organize o ambiente e os materiais que serão utilizados; retire do ambiente objetos que possam distrair o aprendiz. Mantenha os objetos a serem utilizados sempre nos mesmos lugares para ajudar o aprendiz a se lembrar dos passos da tarefa. O critério de aprendizagem nesses programas é o descrito para os protocolos ABC: três registros seguidos com 100% das marcações em A. Nesse caso, passa-se a usar o protocolo de manutenção (Figura 49) e inicia-se um novo programa de ensino conforme a rota apresentada na Figura 47.

6.8 CUIDADO COM AS MÃOS (2.5)

Essa subdivisão envolve atividades relacionadas ao cuidado com o as mãos e é composta por dois Programas de Ensino: 2.5.1 Lavar as mãos e 2.5.2 Enxugar as mãos. Os programas e suas etapas serão descritos a seguir.

6.8.1 LAVAR AS MÃOS (2.5.1)

No total 8, comportamentos compõem o programa: abrir a torneira; molhar as mãos; pegar o sabonete; passar o sabonete nas mãos; guardar o sabonete; esfregar uma mão na outra; enxaguar as mãos; e fechar a torneira (Figura 73).

FIGURA 73 - LAVAR AS MÃOS

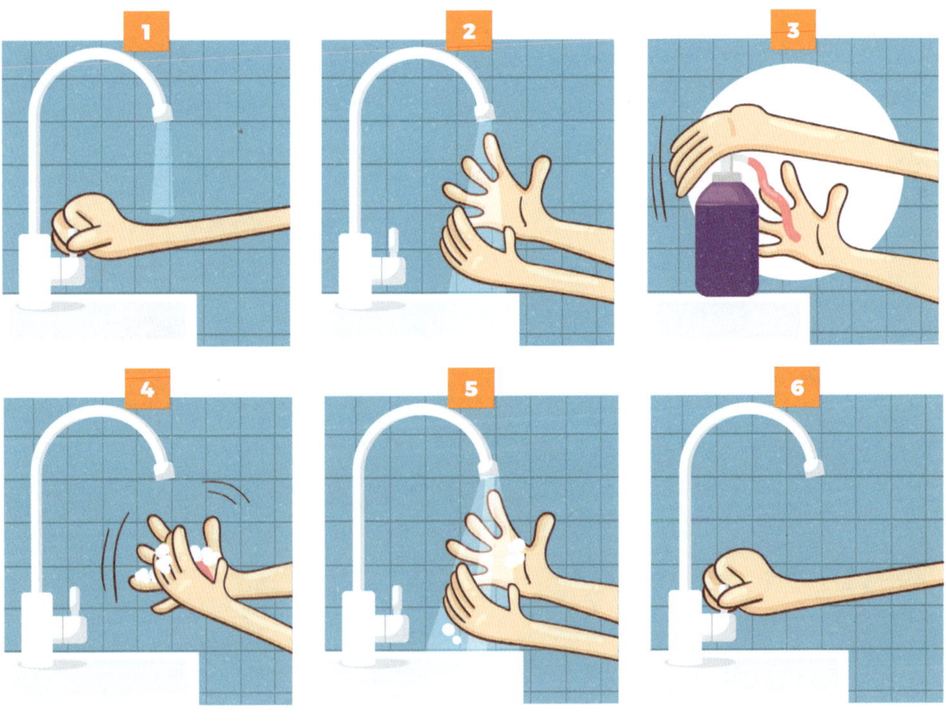

6.8.2 ENXUGAR AS MÃOS (2.5.2)

No total, 9 comportamentos compõem o programa: pegar a toalha; passar a toalha na palma de uma mão; virar a mão; passar a toalha no dorso da mão; trocar a toalha de mão; passar a toalha na palma da outra mão; virar a outra mão; passar a toalha no dorso da outra mão; e pendurar a toalha (Figura 74).

FIGURA 74 - ENXUGAR AS MÃOS

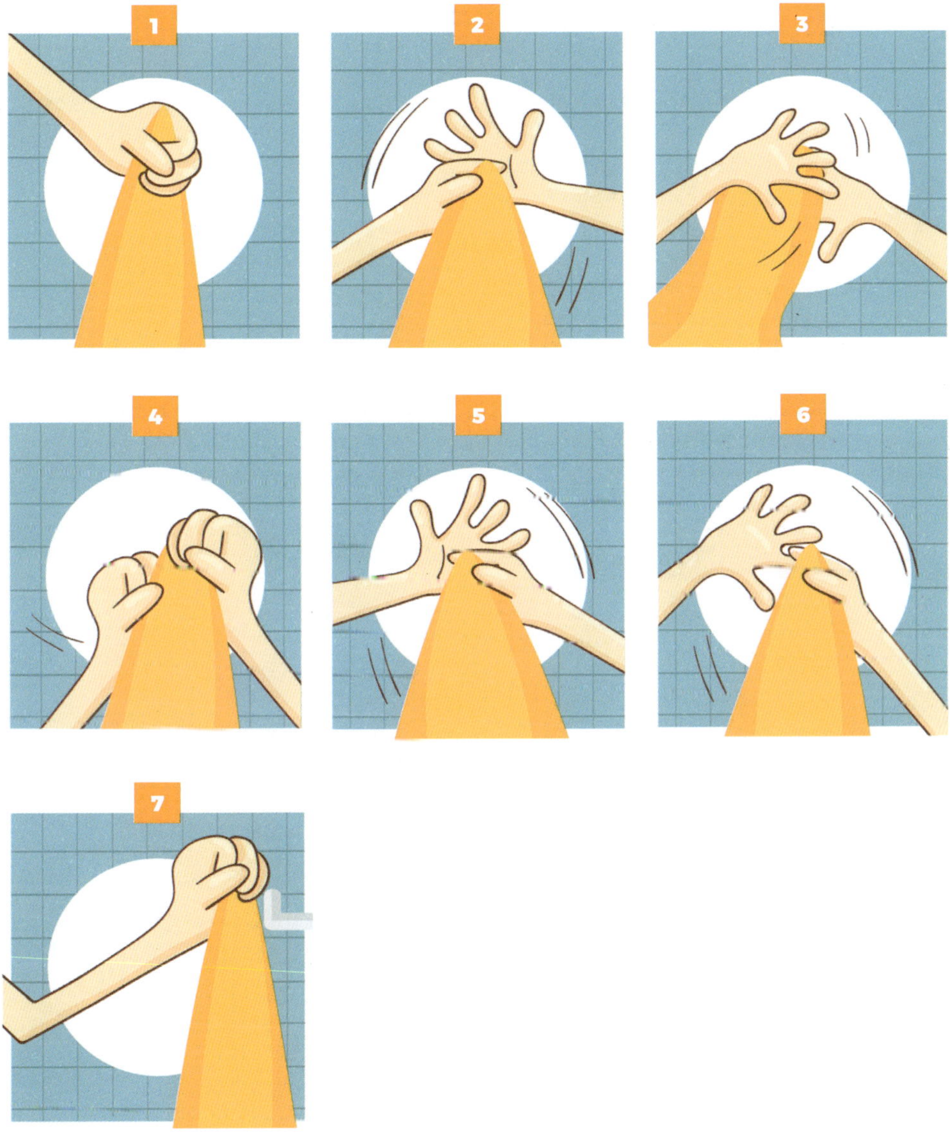

6.8.3 PROCEDIMENTO DE ENSINO E CRITÉRIO DE APRENDIZAGEM: 2.5.1 E 2.5.2

Organize o ambiente e os materiais que serão utilizados; retire do ambiente objetos que possam distrair o aprendiz. Mantenha os objetos a serem utilizados sempre nos mesmos lugares para ajudar o aprendiz a se lembrar dos passos da tarefa. O critério de aprendizagem nesses programas é o descrito para os protocolos ABC: três registros seguidos com 100% das marcações em A. Nesse caso, passa-se a usar o protocolo de manutenção (Figura 49) e inicia-se um novo programa de ensino conforme a rota apresentada na Figura 47.

6.9 USO DE ADAPTAÇÕES E SEQUÊNCIA VISUAL NO ENSINO

Adaptações são muito bem-vindas: escovas elétricas, fio dental com suporte, buchas com espaços para colocar o sabonete dentro, tapetes com antiderrapantes, escovas de cabelo que encaixam na mão, entre outras facilidades, podem e devem ser utilizadas no processo de ensino das habilidades de higiene pessoal. Nesse âmbito, um profissional de Terapia Ocupacional será de muita ajuda na avaliação e escolha das adaptações mais adequadas para cada aprendiz.

Sequências visuais (ilustrações de cada passo da atividade) também podem ser utilizadas para auxiliar o aprendiz a seguir as etapas da atividade. Nesse caso, é importante avaliar se o aprendiz é capaz de discriminar uma figura da outra e se as figuras estão realmente auxiliando e não distraindo. A escolha de qual tipo de figura utilizar (ex.: fotos ou pictogramas) é importante e deve ser feita de acordo com o perfil do aprendiz.

"Assim como descrevemos no programa Introdução de alimentos novos, o programa Permitir, a escovação dos dentes exige tranquilidade, paciência e persistência do educador".

7

HABILIDADES DE VESTUÁRIO

Essa área envolve vestir e despir roupas, calçar e retirar sapatos e meias e manuseio de complementos, como botões, zíperes, colchetes, cintos e cadarços. Essa área é complexa e requer uma série de comportamentos motores amplos e refinados, que exigirão destreza e organização do aprendiz.

7.1 O QUE ESPERAR EM CADA PERÍODO DE IDADE

A criança aprende habilidades de vestuário gradativamente, começando com comportamentos mais simples e passando aos poucos para os mais complexos. Algumas habilidades são bastante complexas e exigem um refinamento motor para que se tenha qualidade e independência. Um exemplo disso é a habilidade de vestir roupas, que a criança típica começa a aprender aos 2 anos, mas só vai ganhar independência aproximadamente aos 6 anos. A Figura 75 apresenta habilidades relacionadas ao vestuário que são tipicamente esperadas entre 0 e 6 anos.

IDADE	HABILIDADES
ATÉ 2 ANOS	- Ajudar a vestir roupas simples (mais largas e de elástico) - Retirar a parte de baixo com independência (incluindo meias e sapatos) - Retirar roupas de frio (blusa aberta na frente e calça) - Puxar zíper grande para cima e para baixo
ATÉ 3 ANOS	- Vestir a roupa com independência, mas precisa de ajuda para olhar o lado correto - Calçar os sapatos com independência, mas ainda pode errar o pé - Abotoar e desabotoar a blusa
ATÉ 4 ANOS	- Vestir roupas simples com independência - Retirar as roupas com independência - Calçar sapatos simples sem errar o pé - Identificar o lado correto de algumas peças de roupa - Manusear botões de pressão (abre e fecha)
ATÉ 5 ANOS	- Abotoar e desabotoar botões de tamanhos variados - Encaixar zíper em sua terminação - Apertar e afrouxar cintos ou fivelas de roupas e calçados
ATÉ 6 ANOS	- Enfiar o cadarço e amarrar o tênis - Selecionar roupas adequadas às diversas ocasiões -Vestir roupas com independência (incluindo manuseio de complementos)

FIGURA 75 - HABILIDADES DE VESTUÁRIO

7.2 ENSINANDO HABILIDADES DE VESTUÁRIO

A área de Habilidades de Vestuário é composta por quatro subdivisões: Despir a roupa (3.1); Vestir a roupa (3.2); Calçados (3.3); e Manuseio de complementos (3.4). Cada subdivisão é composta por Programas de Ensino variados. São eles: Despir a parte superior do corpo (3.1.1); Despir a parte inferior do corpo (3.1.2); Vestir a parte superior do corpo (3.2.1); Vestir a parte inferior do corpo (3.2.2); Retirar os sapatos (3.3.1); Calçar os sapatos (3.3.2); Retirar as meias (3.3.3); Calçar as meias (3.3.4); Manusear velcro (3.4.1); Manusear fecho de correr (3.4.2); Manusear botão de pressão (3.4.3); Manusear botão (3.4.4); Manusear colchete (3.4.5); Manusear cinto (3.4.6); e Manusear cadarço (3.4.7).

A Figura 76 apresenta uma rota para auxiliar na implementação dos programas de vestuário em uma sequência que facilite o ensino. Os programas podem ser inseridos seguindo a sequência dos retângulos em cinza, de cima para baixo. Os primeiros programas a serem ensinados são o 3.3.1 e o 3.3.3, posteriormente 3.1.2 e 3.1.1 e na sequência o 3.4.1 e 3.4.2. Os programas nos retângulos em azul têm como requisito os programas que estão nos retângulos em cinza; os em laranja têm os programas em azul como requisito; e os em vermelho têm os programas em laranja como requisito. Lembre-se de que essa é uma rota específica para a introdução dos programas de vestuário e que para ensinar habilidades de autocuidados de maneira intensiva e ampla você deve

FIGURA 76 - ROTA PARA HABILIDADES DE VESTUÁRIO

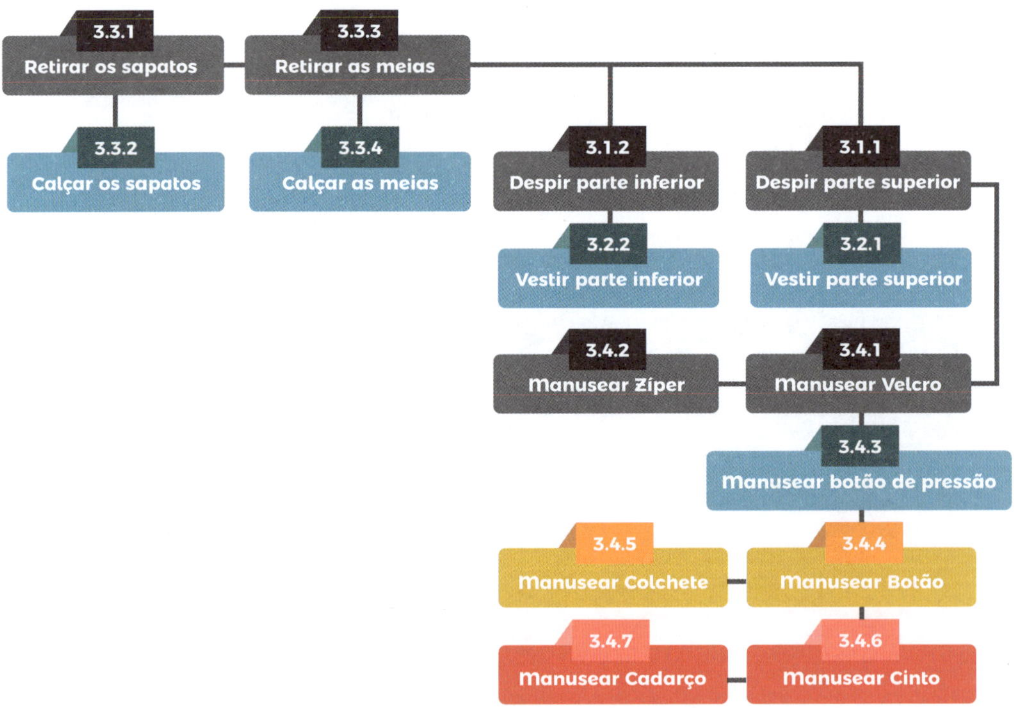

seguir também a rota de ensino geral que está na Figura 12 do Capítulo 3. A seguir serão apresentados os Programas de Ensino com a descrição dos procedimentos, protocolos e critérios de aprendizagem.

7.3 PROTOCOLOS

Na área de Habilidades de Vestuário serão utilizados três tipos de protocolos; Objetivos e Metas, ABC e Manutenção (ver modelo nas Figuras 13, 15 e 16 do Capítulo 4). O protocolo de Objetivos e Metas será utilizado para administrar o ensino dos programas; o protocolo ABC será utilizado para o registro das atividades; e o protocolo de Manutenção será utilizado após a aprendizagem dos programas.

O protocolo de Objetivos e Metas tem a função de ajudar na administração dos Programas de Ensino (Figura 77). Esse protocolo auxiliará na organização do que será ensinado agora, o que será ensinado posteriormente e o que já foi aprendido. Para o início do ensino você deve seguir a rota de introdução dos programas apresentada anteriormente na Figura 76. Marque um X a lápis na coluna "Ensino", na altura da linha correspondente aos programas que você está ensinando no momento; na linha dos programas que ainda não entraram em ensino, você deve marcar um X na coluna "Não ensinado"; na linha dos programas que já foram aprendidos, marque um X na coluna "Manutenção. Quando o aprendiz atingir o critério de aprendizagem em um determinado programa (o critério de aprendizagem será descrito a seguir), você deve apagar o X que está na coluna "Ensino" (na linha do programa aprendido), fazer um novo X na coluna "Manutenção" (também na altura da linha desse mesmo programa) e escolher um novo programa para o ensino (na linha do programa novo você deve apagar o X da coluna "Não ensinado" e fazer um X em "Ensino"). Todas as vezes que o aprendiz atingir o critério de aprendizagem em um programa você deve passar para o próximo, fazendo as trocas das marcações em lápis, progressivamente, até que todos os X estejam na coluna "Manutenção". Quando isso acontecer, você pode começar a utilizar o protocolo específico para manutenção (Figura 78). Esse protocolo é simples de ser preenchido; basta colocar a data da realização da atividade e escrever V para acertos, X para erros ou ajudas e - para atividades não realizadas no dia.

Para registrar as atividades de ensino você usará protocolos ABC (Figuras 79 a 97). Na parte superior do protocolo, abaixo do título, você escreverá o nome do aprendiz. Na tabela, você preencherá a data da atividade, o nome do educador e o desempenho do aprendiz em cada pedaço da atividade. Para cada linha que corresponde a um pedaço da atividade, você vai marcando um X em: A caso o aprendiz realize aquela etapa sem ajuda; B se realizar com ajuda; e C se não realizar de maneira alguma.

FIGURA 77 - PROTOCOLO OBJETIVOS E METAS DE HABILIDADES DE VESTUÁRIO

3. HABILIDADES DE VESTUÁRIO

Aprendiz:____

VESTUÁRIO			SITUAÇÃO		
			Não ensinado	*Ensino*	*Manutenção*
3.1 DESPIR A ROUPA	3.1.1 Despir a parte superior	3.1.1 Despir blusa			
		3.1.1 Despir moletom			
	3.1.2 Despir a parte inferior	3.1.2 Despir bermuda			
		3.1.2 Despir cueca/calcinha			
		3.1.2 Despir calça comprida			
3.2 VESTIR A ROUPA	3.2.1 Vestir a parte superior	3.2.1 Vestir blusa			
		3.2.1 Vestir moletom			
	3.2.2. Vestir a parte inferior	3.2.2. Vestir bermuda			
		3.2.2. Vestir cueca/calcinha			
		3.2.2. Vestir calça comprida			
3.3 CALÇADOS	3.3.1 Retirar os sapatos				
	3.3.2 Calçar os sapatos				
	3.3.3 Retirar as meias				
	3.3.4 Calçar as meias				
3.4 MANUSEIO DE COMPLEMENTOS	3.4.1 Manusear velcro	3.4.1 Abrir velcro			
		3.4.1 Fechar velcro			
	3.4.2 Manusear zíper	3.4.2 Abrir fecho de correr (zíper)			
		3.4.2 Fechar fecho de correr (zíper)			
	3.4.3 Manusear botão de pressão	3.4.3 Abrir botão de pressão			
		3.4.3 Fechar botão de pressão			
	3.4.4 Manusear botão	3.4.4 Abotoar			
		3.4.4 Desabotoar			
	3.4.5 Manusear colchete	3.4.5 Abrir colchete			
		3.4.5 Fechar colchete			
	3.4.6 Manusear cinto	3.4.6 Abrir fivela de cinto			
		3.4.6 Fechar fivela de cinto			
	3.4.7 Manusear cadarço	3.4.7 Desamarrar cadarço			
		3.4.7 Amarrar cadarço			

FIGURA 78 - PROTOCOLO MANUTENÇÃO DE HABILIDADES DE VESTUÁRIO

3. HABILIDADES DE VESTUÁRIO

Aprendiz:______________________________ Educador:______________________

HABILIDADES	DATAS									
Despir blusa										
Despir moletom										
Despir bermuda										
Despir cueca/calcinha										
Despir calça comprida										
Vestir blusa										
Vestir moletom										
Vestir bermuda										
Vestir cueca/calcinha										
Vestir calça comprida										
Retirar os sapatos										
Calçar os sapatos										
Retirar as meias										
Calçar as meias										
Manusear velcro										
Manusear zíper										
Manusear botão de pressão										
Manusear botão										
Manusear colchete										
Manusear cinto										
Manusear cadarço										

V SEM AJUDA	X COM AJUDA OU NÃO FEZ	— PROGRAMA NÃO REALIZADO

FIGURA 79 - PROTOCOLO ABC DESPIR BLUSA (MODELO A)

3.1.1 DESPIR BLUSA (MODELO A)

Aprendiz:____________________________

DATA																											
EDUCADOR																											
DESEMPENHO	A	B	C	A	B	C	A	B	C	A	B	C	A	B	C	A	B	C	A	B	C	A	B	C	A	B	C
Segurar a gola da blusa																											
Puxar a gola da blusa pelo pescoço																											
Pegar a manga de um dos lados																											
Retirar a manga de um braço																											
Puxar a manga do outro braço																											
Retirar a manga do outro braço																											

A - SEM AJUDA | B - COM AJUDA | C - NÃO FEZ

FIGURA 80 - PROTOCOLO ABC DESPIR BLUSA (MODELO B)

3.1.1 DESPIR BLUSA (MODELO B)

Aprendiz:______________________________

DATA																											
EDUCADOR																											
DESEMPENHO	A	B	C	A	B	C	A	B	C	A	B	C	A	B	C	A	B	C	A	B	C	A	B	C	A	B	C
Pegar a manga de um dos lados																											
Retirar a manga de um braço																											
Puxar a outra manga																											
Retirar o outro braço																											
Pegar a gola da blusa																											
Puxar a gola pelo pescoço																											

A - SEM AJUDA | B - COM AJUDA | C - NÃO FEZ

FIGURA 81 - PROTOCOLO ABC DESPIR BLUSA (MODELO C)

3.1.1 DESPIR BLUSA (MODELO C)

Aprendiz:_______________

DATA																											
EDUCADOR																											
DESEMPENHO	A	B	C	A	B	C	A	B	C	A	B	C	A	B	C	A	B	C	A	B	C	A	B	C	A	B	C
Puxar a blusa para frente																											
Colocar o cotovelo na blusa																											
Empurrar a blusa para cima com o cotovelo																											
Retirar um braço da manga																											
Retirar a gola pelo pescoço																											
Retirar o outro braço da manga																											

A - SEM AJUDA | B - COM AJUDA | C - NÃO FEZ

FIGURA 82 - PROTOCOLO ABC DESPIR MOLETOM

3.1.1 DESPIR MOLETOM

Aprendiz:____________________

DATA																											
EDUCADOR																											
DESEMPENHO	A	B	C	A	B	C	A	B	C	A	B	C	A	B	C	A	B	C	A	B	C	A	B	C	A	B	C
Pegar uma das mangas																											
Puxar a manga até retirar o braço																											
Pegar a manga do outro braço																											
Puxar a manga até retirar o outro braço																											
Levantar o moletom até o pescoço																											
Retirar a gola pelo pescoço																											

A - SEM AJUDA | B - COM AJUDA | C - NÃO FEZ

FIGURA 83 - PROTOCOLO ABC DESPIR BERMUDA

3.1.2 DESPIR BERMUDA

Aprendiz:____

DATA																											
EDUCADOR																											
DESEMPENHO	A	B	C	A	B	C	A	B	C	A	B	C	A	B	C	A	B	C	A	B	C	A	B	C	A	B	C
Segurar a bermuda pelo cós																											
Abaixar a bermuda até o joelho																											
Descer a bermuda até o tornozelo																											
Levantar uma perna e retirá-la da bermuda																											
Levantar a outra perna e retirá-la da bermuda																											

A - SEM AJUDA | B - COM AJUDA | C - NÃO FEZ

FIGURA 84 - PROTOCOLO ABC DESPIR CUECA

3.1.2 DESPIR CUECA

Aprendiz:______________________________

DATA																											
EDUCADOR																											
DESEMPENHO	A	B	C	A	B	C	A	B	C	A	B	C	A	B	C	A	B	C	A	B	C	A	B	C	A	B	C
Segurar a cueca pelo cós																											
Abaixar a cueca até o joelho																											
Descer a cueca até o tornozelo																											
Levantar uma perna e retirá-la da cueca																											
Levantar a outra perna e retirá-la da cueca																											

A - SEM AJUDA | B - COM AJUDA | C - NÃO FEZ

FIGURA 85 - PROTOCOLO ABC DESPIR CALCINHA

3.1.2 DESPIR CALCINHA

Aprendiz:____

DATA																											
EDUCADOR																											
DESEMPENHO	A	B	C	A	B	C	A	B	C	A	B	C	A	B	C	A	B	C	A	B	C	A	B	C	A	B	C
Segurar a calcinha pelo cós																											
Abaixar a calcinha até o joelho																											
Descer a calcinha até o tornozelo																											
Levantar uma perna e retirá-la da calcinha																											
Levantar a outra perna e retirá-la da calcinha																											

A - SEM AJUDA | B - COM AJUDA | C - NÃO FEZ

FIGURA 86 - PROTOCOLO ABC DESPIR CALÇA COMPRIDA

3.1.2 DESPIR CALÇA COMPRIDA

Aprendiz:____

DATA																											
EDUCADOR																											
DESEMPENHO	A	B	C	A	B	C	A	B	C	A	B	C	A	B	C	A	B	C	A	B	C	A	B	C	A	B	C
Segurar a calça pelo cós																											
Abaixar a calça até o joelho																											
Descer a calça até o tornozelo																											
Levantar uma perna e retirá-la da calça																											
Levantar a outra perna e retirá-la da calça																											

A - SEM AJUDA | B - COM AJUDA | C - NÃO FEZ

FIGURA 87 - PROTOCOLO ABC VESTIR BLUSA

3.2.1 VESTIR BLUSA

Aprendiz:____

DATA																											
EDUCADOR																											
DESEMPENHO	A	B	C	A	B	C	A	B	C	A	B	C	A	B	C	A	B	C	A	B	C	A	B	C	A	B	C
Pegar a blusa																											
Encontrar o lado correto																											
Levar a gola até a cabeça																											
Enfiar a blusa na cabeça																											
Puxar a blusa até o pescoço																											
Segurar um lado da blusa com uma mão																											
Enfiar o outro braço na manga da blusa																											
Segurar o outro lado da blusa com a outra mão																											
Enfiar o outro braço na outra manga																											
Arrumar a blusa na cintura																											

A - SEM AJUDA | B - COM AJUDA | C - NÃO FEZ

FIGURA 88 - PROTOCOLO ABC VESTIR MOLETOM

3.2.1 VESTIR BLUSA MOLETOM

Aprendiz:____

DATA																								
EDUCADOR																								
DESEMPENHO	A	B	C	A	B	C	A	B	C	A	B	C	A	B	C	A	B	C	A	B	C	A	B	C
Pegar o moletom																								
Encontrar o lado correto																								
Levar a gola até a cabeça																								
Enfiar o moletom na cabeça																								
Puxar o moletom até o pescoço																								
Segurar um lado do moletom com uma mão																								
Enfiar o outro braço na manga do moletom																								
Puxar a manga até a mão sair na extremidade																								
Segurar o outro lado do moletom com a outra mão																								
Enfiar o outro braço na outra manga do moletom																								
Puxar a manga até a mão sair na extremidade																								
Arrumar o moletom na cintura																								

A - SEM AJUDA | B - COM AJUDA | C - NÃO FEZ

FIGURA 89 - PROTOCOLO ABC VESTIR BERMUDA

3.2.2 VESTIR BERMUDA

Aprendiz:__________

DATA																											
EDUCADOR																											
DESEMPENHO	A	B	C	A	B	C	A	B	C	A	B	C	A	B	C	A	B	C	A	B	C	A	B	C	A	B	C
Pegar a bermuda																											
Encontrar o lado correto																											
Segurar a bermuda pelo cós																											
Levantar uma perna																											
Enfiar a perna na bermuda																											
Levantar a outra perna																											
Enfiar a outra perna na bermuda																											
Puxar a bermuda até a cintura																											

A - SEM AJUDA | B - COM AJUDA | C - NÃO FEZ

FIGURA 90 – PROTOCOLO ABC VESTIR CUECA

3.2.2 VESTIR CUECA

Aprendiz:____

DATA																											
EDUCADOR																											
DESEMPENHO	A	B	C	A	B	C	A	B	C	A	B	C	A	B	C	A	B	C	A	B	C	A	B	C	A	B	C
Pegar a cueca																											
Encontrar o lado correto																											
Segurar a cueca pelo cós																											
Levantar uma perna																											
Enfiar a perna na cueca																											
Levantar a outra perna																											
Enfiar a outra perna na cueca																											
Puxar a cueca até a cintura																											

A - SEM AJUDA | B - COM AJUDA | C - NÃO FEZ

FIGURA 91 - PROTOCOLO ABC VESTIR CALCINHA

3.2.2 VESTIR CALCINHA

Aprendiz:____

DATA																											
EDUCADOR																											
DESEMPENHO	A	B	C	A	B	C	A	B	C	A	B	C	A	B	C	A	B	C	A	B	C	A	B	C	A	B	C
Pegar a calcinha																											
Encontrar o lado correto																											
Segurar a calcinha pelo cós																											
Levantar uma perna																											
Enfiar a perna na calcinha																											
Levantar a outra perna																											
Enfiar a outra perna na calcinha																											
Puxar a calcinha até a cintura																											

A - SEM AJUDA | B - COM AJUDA | C - NÃO FEZ

FIGURA 92 - PROTOCOLO ABC VESTIR CALÇA COMPRIDA

3.2.2 VESTIR CALÇA COMPRIDA

Aprendiz:______________________________

DATA																											
EDUCADOR																											
DESEMPENHO	A	B	C	A	B	C	A	B	C	A	B	C	A	B	C	A	B	C	A	B	C	A	B	C	A	B	C
Pegar a calça																											
Encontrar o lado correto																											
Segurar a calça pelo cós																											
Levantar uma perna																											
Enfiar a perna na calça																											
Puxar a perna da calça																											
Levantar a outra perna																											
Enfiar a outra perna na calça																											
Puxar a outra perna da calça																											
Puxar a calça até a cintura																											

A - SEM AJUDA | B - COM AJUDA | C - NÃO FEZ

FIGURA 93 - PROTOCOLO ABC RETIRAR OS SAPATOS

3.3.1 RETIRAR OS SAPATOS

Aprendiz:______________________________________

DATA																											
EDUCADOR																											
DESEMPENHO	A	B	C	A	B	C	A	B	C	A	B	C	A	B	C	A	B	C	A	B	C	A	B	C	A	B	C
Desamarrar o cadarço/abrir o velcro																											
Segurar o sapato pelo calcanhar																											
Empurrar o sapato para baixo																											
Retirar o sapato do pé																											
Desamarrar o cadarço/abrir o velcro do outro sapato																											
Segurar o outro sapato pelo calcanhar																											
Empurrar o outro sapato para baixo																											
Retirar o outro sapato do pé																											

A - SEM AJUDA | B - COM AJUDA | C - NÃO FEZ

FIGURA 94 - PROTOCOLO ABC CALÇAR OS SAPATOS

3.2.2 CALÇAR OS SAPATOS

Aprendiz:____

DATA																											
EDUCADOR																											
DESEMPENHO	A	B	C	A	B	C	A	B	C	A	B	C	A	B	C	A	B	C	A	B	C	A	B	C	A	B	C
Pegar o sapato																											
Abrir o velcro/desamarrar																											
Direcionar para o pé correto																											
Colocar a ponta do pé no sapato																											
Puxar o sapato																											
Encaixar o calcanhar no sapato																											
Fechar o velcro/amarrar																											
Pegar o outro sapato																											
Abrir o velcro/desamarrar																											
Direcionar para o outro pé																											
Colocar a ponta do pé no sapato																											
Puxar o sapato																											
Encaixar o calcanhar no sapato																											
Fechar o velcro/amarrar																											

A - SEM AJUDA | B - COM AJUDA | C - NÃO FEZ

FIGURA 95 - PROTOCOLO ABC RETIRAR AS MEIAS

3.3.3 RETIRAR AS MEIAS

Aprendiz:____

DATA																											
EDUCADOR																											
DESEMPENHO	A	B	C	A	B	C	A	B	C	A	B	C	A	B	C	A	B	C	A	B	C	A	B	C	A	B	C
Colocar o dedo da mão no cano da meia																											
Empurrar a meia retirando do calcanhar																											
Puxar a meia para frente retirando do pé																											
Colocar o dedo da mão no cano da outra meia																											
Empurrar a outra meia retirando do calcanhar																											
Puxar a meia para frente retirando do outro pé																											

A - SEM AJUDA | B - COM AJUDA | C - NÃO FEZ

FIGURA 96 - PROTOCOLO ABC CALÇAR AS MEIAS

3.3.4 CALÇAR AS MEIAS

Aprendiz:____

DATA																								
EDUCADOR																								
DESEMPENHO	A	B	C	A	B	C	A	B	C	A	B	C	A	B	C	A	B	C	A	B	C	A	B	C
Pegar a meia																								
Abrir a boca da meia																								
Encaixar a boca da meia na ponta do pé																								
Puxar a meia até o meio do pé																								
Puxar a meia até o calcanhar																								
Puxar a meia até o tornozelo																								
Arrumar a meia no pé (calcanhar na posição correta)																								
Pegar a outra meia																								
Abrir a boca da outra meia																								
Encaixar a boca da outra meia na ponta do pé																								
Puxar a outra meia até o meio do pé																								
Puxar a outra meia até o calcanhar																								
Puxar a outra meia até o tornozelo																								
Arrumar a meia no pé (calcanhar na posição correta)																								

A - SEM AJUDA | B - COM AJUDA | C - NÃO FEZ

FIGURA 97 - PROTOCOLO ABC MANUSEIO DE COMPLEMENTOS

3.4 MANUSEIO DE COMPLEMENTOS

Aprendiz:________________________________

	DATA																					
	EDUCADOR																					
DESEMPENHO		A	B	C	A	B	C	A	B	C	A	B	C	A	B	C	A	B	C	A	B	C
3.4.1 Manusear velcro	3.4.1 Abrir velcro																					
	3.4.1 Fechar velcro																					
3.4.2 Manusear zíper	3.4.2 Abrir fecho de correr (zíper)																					
	3.4.2 Fechar fecho de correr (zíper)																					
3.4.3 Manusear botão de pressão	3.4.3 Abrir botão de pressão																					
	3.4.3 Fechar botão de pressão																					
3.4.4 Manusear botão	3.4.4 Abotoar																					
	3.4.4 Desabotoar																					
3.4.5 Manusear colchete	3.4.5 Abrir colchete																					
	3.4.5 Fechar colchete																					
3.4.6 Manusear cinto	3.4.6 Abrir fivela de cinto																					
	3.4.6 Fechar fivela de cinto																					
3.4.7 Manusear cadarço	3.4.7 Desamarrar o cadarço do tênis																					
	3.4.7 Amarrar o cadarço do tênis																					

A - SEM AJUDA | B - COM AJUDA | C - NÃO FEZ

7.3.1 CRITÉRIO DE APRENDIZAGEM DOS PROGRAMAS COM PROTOCOLO ABC

Quando o aprendiz obtiver três registros seguidos no protocolo ABC, com 100% das marcações em A, considera-se que ele aprendeu aquele Programa de Ensino; nesse caso, inicia-se o ensino de um novo programa.

7.3.2 MANUTENÇÃO

O educador deve se preocupar em manter as habilidades aprendidas fazendo o registro no protocolo de Manutenção (Figura 78). Esse protocolo deve ser utilizado diariamente por três meses, depois semanalmente por mais seis meses, e caso o aprendiz permaneça com 100% das marcações em V no último mês, pode-se parar o registro. Lembre-se sempre de garantir que o aprendiz mantenha as habilidades aprendidas e as utilize em contextos variados.

7.4 DESPIR A ROUPA (3.1)

Essa subdivisão é composta por dois Programas de Ensino: Despir a parte superior do corpo (3.1.1) e Despir a parte inferior do corpo (3.1.2). Os programas e suas etapas serão descritos a seguir.

7.4.1 DESPIR A PARTE SUPERIOR DO CORPO (3.1.1)

Nesse programa serão ensinadas habilidades relativas a despir blusa e moletom (blusa com manga comprida). Há maneiras diferentes de despir blusa e neste livro apresentaremos três opções para que você possa escolher uma delas, em função do perfil do seu aprendiz, considerando qual seria mais fácil para ele. É importante ressaltar que não é necessário ensinar das três maneiras; você deve escolher apenas uma delas.

7.4.1.1 DESPIR BLUSA: MODELO A (3.1.1)

Os comportamentos que compõem essa maneira de despir blusa são: segurar a gola da blusa; puxar a gola da blusa pelo pescoço; pegar a manga de um dos lados; retirar a manga de um braço; puxar a manga do outro braço; e retirar a manga do outro braço (Figura 98).

FIGURA 98 - DESPIR BLUSA MODELO A

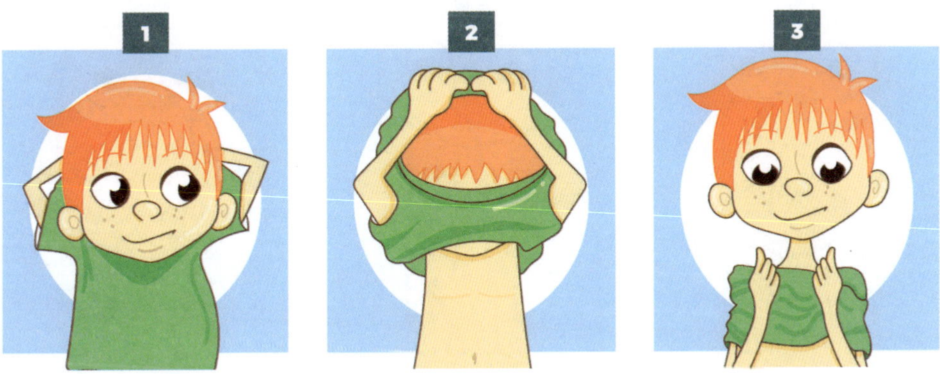

7.4.1.2 DESPIR BLUSA: MODELO B (3.1.1)

Os comportamentos que compõem essa maneira de despir blusa são: pegar a manga de um dos lados; retirar a manga de um braço; puxar a outra manga; retirar o outro braço; pegar a gola da blusa; e puxar a gola pelo pescoço (Figura 99).

FIGURA 99 - DESPIR BLUSA MODELO B

7.4.1.3 DESPIR BLUSA: MODELO C (3.1.1)

Os comportamentos que compõem essa maneira de despir blusa são: puxar a blusa para frente; colocar o cotovelo na blusa; empurrar a blusa para cima com o cotovelo; retirar um braço da manga; retirar a gola pelo pescoço; e retirar o outro braço da manga (Figura 100).

FIGURA 100 - DESPIR BLUSA MODELO C

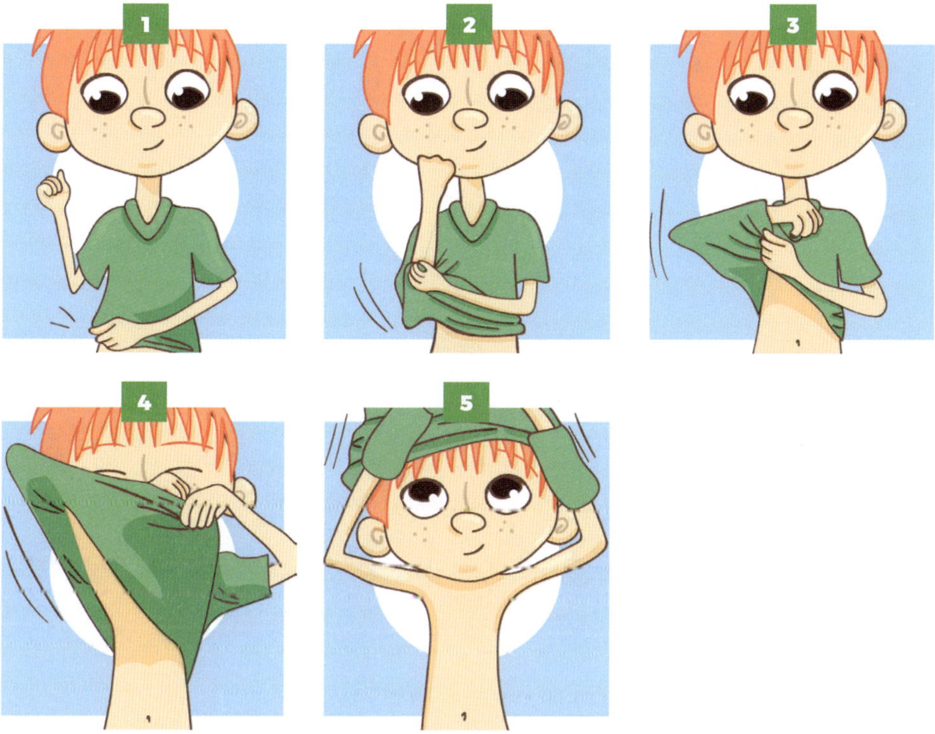

7.4.1.4 DESPIR MOLETOM (3.1.1)

Os comportamentos que compõem o despir moletom são: pegar uma das mangas; puxar a manga até retirar do braço; pegar a manga do outro braço; puxar a manga até retirar o outro braço; levantar o moletom até o pescoço e; retirar a gola até o pescoço semelhante ao modelo B de despir blusa.

7.4.2 DESPIR A PARTE INFERIOR DO CORPO (3.1.2)

Nesse programa serão ensinadas habilidades para despir bermuda, cueca/calcinha e calça comprida. A sequência de ensino é a mesma para todos os programas; o que muda é a peça de roupa utilizada na atividade.

7.4.2.1 DESPIR BERMUDA (3.1.2)

Os comportamentos que compõem o despir bermuda são: segurar a bermuda pelo cós; abaixar a bermuda até o joelho; descer a bermuda até o tornozelo; levantar uma perna e retirá-la da bermuda; e levantar a outra perna e retirá-la da bermuda (Figura 101).

FIGURA 101 - DESPIR BERMUDA

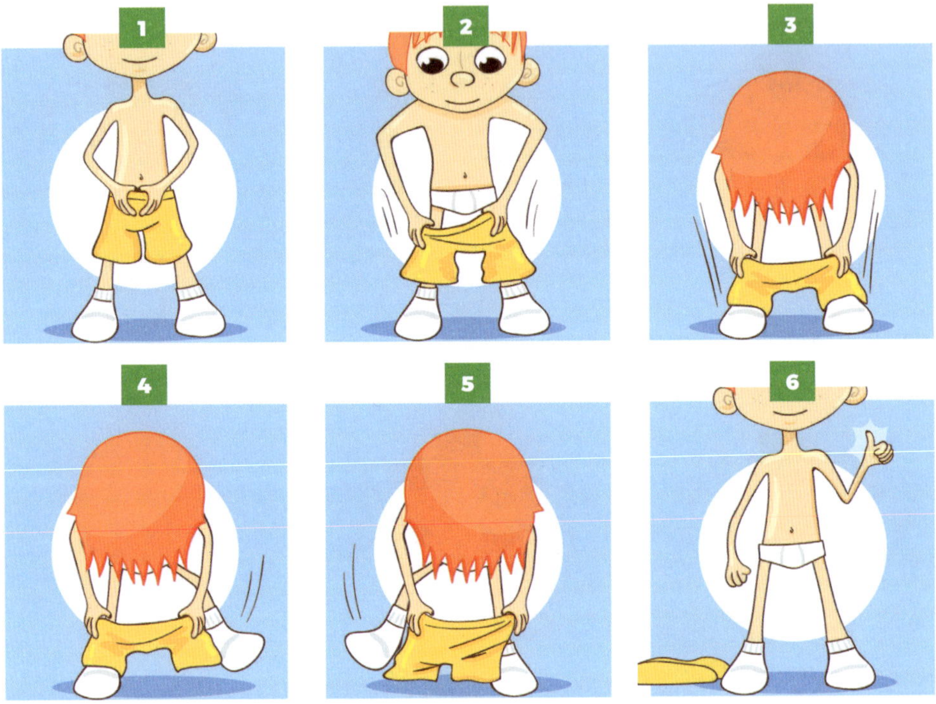

7.4.2.2 DESPIR CUECA E DESPIR CALCINHA (3.1.2)

A sequência de ensino para despir cueca e despir calcinha é a mesma, porém há protocolos específicos para cada programa (ver Figuras 84 e 85). Os comportamentos que compõem essas habilidades são: segurar a cueca/calcinha pelo cós; abaixar a cueca/calcinha até o joelho; descer a cueca/calcinha até o tornozelo; levantar uma perna e retirá-la da cueca/calcinha e; levantar a outra perna e retirá-la da cueca/calcinha semelhante ao despir bermuda.

7.4.2.3 DESPIR CALÇA COMPRIDA (3.1.2)

Os comportamentos que compõem o despir calça comprida são: segurar a calça pelo cós; abaixar a calça até o joelho; descer a calça até o tornozelo; levantar uma perna e retirá-la da calça e; levantar a outra perna e retirá-la da calça semelhante ao despir bermuda.

7.5 VESTIR A ROUPA (3.2)

Essa subdivisão é composta por dois Programas de Ensino: Vestir a parte superior do corpo (3.2.1) e Vestir a parte inferior do corpo (3.2.2). Os programas e suas etapas serão descritos a seguir.

7.5.1 VESTIR A PARTE SUPERIOR DO CORPO (3.2.1)

Nesse programa serão ensinadas habilidades para vestir blusa e moletom (blusa com manga comprida).

7.5.1.1 VESTIR BLUSA (3.2.1)

Os comportamentos que compõem o vestir blusa são: pegar a blusa; encontrar o lado correto; levar a gola até a cabeça; enfiar a blusa na cabeça; puxar a blusa até o pescoço; segurar um lado da blusa com uma mão; enfiar o outro braço na manga da blusa; segurar o outro lado da blusa com a outra mão; enfiar o outro braço na outra manga; e arrumar a blusa na cintura (Figura 102).

FIGURA 102 - VESTIR BLUSA

7.5.1.2 VESTIR MOLETOM (3.2.1)

Os comportamentos que compõem o vestir moletom são: pegar o moletom; encontrar o lado correto; levar a gola até a cabeça; enfiar o moletom na cabeça; puxar o moletom até o pescoço; segurar um lado do moletom com uma mão; enfiar o outro braço na manga do moletom; puxar a manga até a mão sair na extremidade; segurar o outro lado do moletom com a outra mão; enfiar o outro braço na outra manga do moletom; puxar a manga até a mão sair na extremidade; e arrumar o moletom na cintura semelhante ao vestir blusa.

7.5.2 VESTIR A PARTE INFERIOR DO CORPO (3.2.2)

Nesse programa serão ensinadas habilidades para vestir bermuda, cueca/ calcinha e calça comprida. A sequência de ensino é semelhante para todos os programas; o que muda é a peça de roupa utilizada na atividade.

7.5.2.1 VESTIR BERMUDA (3.2.2)

Os comportamentos que compõem o vestir bermuda são: pegar a bermuda; encontrar o lado correto; segurar a bermuda pelo cós; levantar uma perna; enfiar a perna na bermuda; levantar a outra perna; enfiar a outra perna na bermuda; e puxar a bermuda até a cintura (Figura 103).

FIGURA 103 - VESTIR BERMUDA

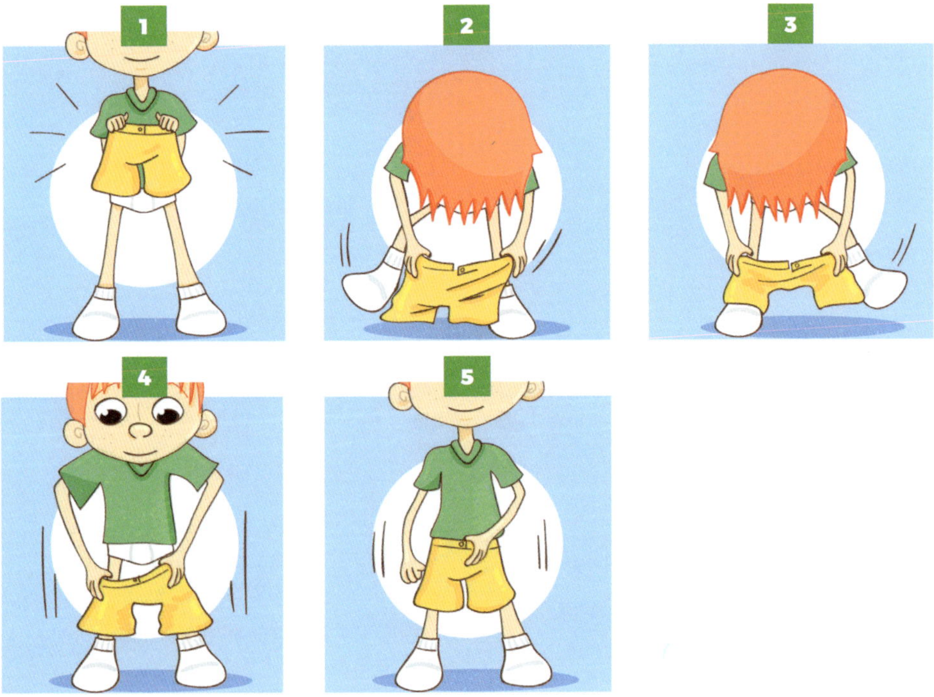

7.5.2.2 VESTIR CUECA/CALCINHA

A sequência de ensino para vestir cueca e vestir calcinha é a mesma, porém há protocolos específicos para cada programa (ver Figuras 90 e 91). Os comportamentos que compõem essas habilidades são: pegar a cueca/calcinha; encontrar o lado correto; segurar a cueca/calcinha pelo cós; levantar uma perna; enfiar a perna na cueca/calcinha; levantar a outra perna; enfiar a outra perna na cueca/calcinha; e puxar a cueca/calcinha até a cintura semelhante ao vestir bermuda.

7.5.2.3 VESTIR CALÇA COMPRIDA

Os comportamentos que compõem essas habilidades são: pegar a calça; encontrar o lado correto; segurar a calça pelo cós; levantar uma perna; enfiar a perna na calça; puxar a perna da calça; levantar a outra perna; enfiar a outra perna na calça; puxar a outra perna da calça; e puxar a calça até a cintura semelhante ao vestir bermuda.

7.6 PROCEDIMENTOS DE ENSINO PARA OS PROGRAMAS DE DESPIR E VESTIR

Alguns pontos podem auxiliar o educador no processo de ensino dessas habilidades:

1) Mantenha o ambiente organizado e retire objetos que possam distrair o aprendiz.

2) Mantenha as roupas do aprendiz sempre organizadas e nos mesmos lugares para ajudá-lo a se lembrar dos passos da tarefa.

3) Inicie com roupas mais largas. Roupas muito justas são mais difíceis de serem vestidas ou retiradas.

4) Comece dando ajuda física total e diminua as ajudas gradativamente até o aprendiz conseguir fazer a atividade de maneira independente. Ajudas são muito importantes no processo de ensino, mas se o educador não ficar atento em diminuí-las gradativamente é provável que o aprendiz fique dependente dessas ajudas por muito tempo.

5) Só dê ajuda nos passos que o aprendiz não consegue fazer sozinho; os que ele é capaz de fazer, preocupe-se em manter e melhorar a qualidade.

6) Permita que o aprendiz realize essas atividades estando sentado em uma cadeira. Para algumas pessoas com autismo pode ser muito difícil coordenar os movimentos necessários para despir e vestir estando em pé; nesse caso, fazer a atividade sentado em uma cadeira pode melhorar o desempenho, a atenção e a confiança do aprendiz.

7) Avalie o nível de exigência e a idade do aprendiz. Por exemplo, crianças muito pequenas (2 anos) não serão capazes de encontrar o lado correto da roupa sem auxílio.

8) Durante o ensino de vestir a parte superior do corpo, o educador pode começar entregando a blusa na posição correta para que o aprendiz a coloque na cabeça; gradativamente deve-se retirar essa ajuda para que o aprendiz consiga fazer sem auxílio. O mesmo pode ser feito no início do ensino de vestir a parte inferior do corpo.

9) Não se esqueça de elogiar e recompensar o esforço e a participação do aprendiz!

7.7 CALÇADOS (3.3)

Nessa subdivisão serão ensinadas habilidades para calçar e retirar meias e sapatos (inclui tênis, sandálias e botas). Ela é composta por quatro programas: Retirar os sapatos (3.3.1); Calçar os sapatos (3.3.2); Retirar as meias (3.3.3); e Calçar as meias (3.3.4). Os programas e suas etapas serão descritos a seguir.

7.7.1 RETIRAR OS SAPATOS (3.3.1)

Os comportamentos que compõem essa habilidade são: desamarrar o cadarço (abrir o velcro ou presilha); segurar o sapato pelo calcanhar; empurrar o sapato para baixo; retirar o sapato do pé; desamarrar o cadarço (abrir velcro ou presilha) do outro sapato; segurar o outro sapato pelo calcanhar; empurrar o outro sapato para baixo; e retirar o outro sapato do pé (Figura 104).

FIGURA 104 - RETIRAR OS SAPATOS

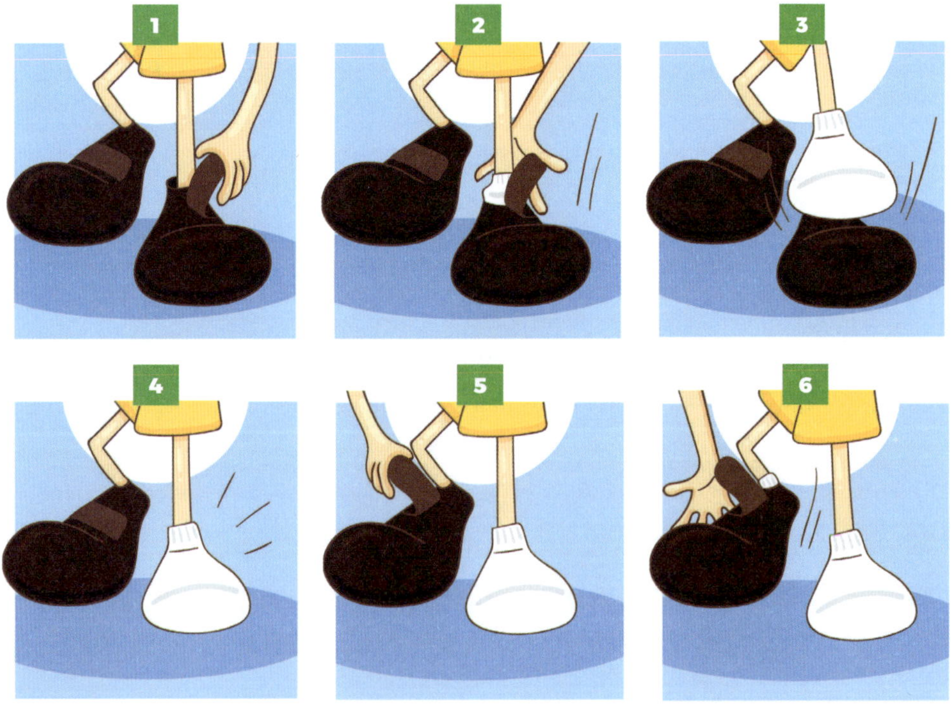

7.7.2 CALÇAR OS SAPATOS (3.3.2)

Os comportamentos que compõem essa habilidade são: pegar o sapato; abrir o velcro/presilha ou desamarrar; direcionar para o pé correto; colocar a ponta do pé no sapato; puxar o sapato; encaixar o calcanhar no sapato; fechar o velcro/presilha ou amarrar; pegar o outro sapato; abrir o velcro/presilha ou desamarrar; direcionar para o outro pé; colocar a ponta do pé no sapato; puxar o sapato; encaixar o calcanhar no sapato; e fechar o velcro/presilha ou amarrar (Figura 105).

FIGURA 105 - CALÇAR OS SAPATOS

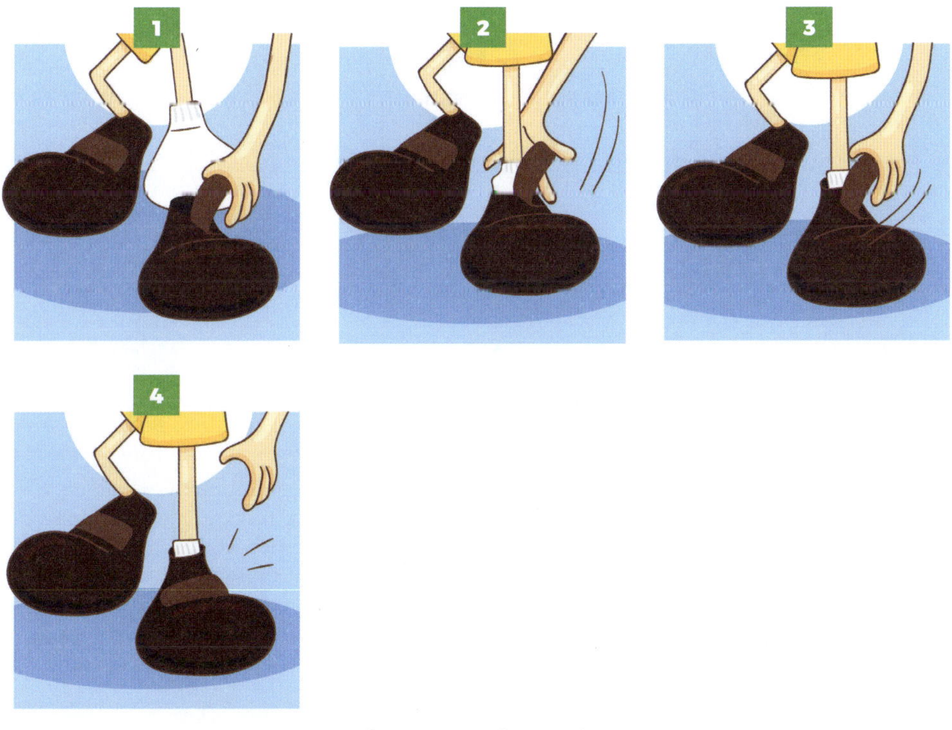

7.7.3 RETIRAR AS MEIAS (3.3.3)

Os comportamentos que compõem essa habilidade são: colocar o dedo da mão no cano da meia; empurrar a meia retirando do calcanhar; puxar a meia para frente retirando do pé; colocar o dedo da mão no cano da outra meia; empurrar a outra meia retirando do calcanhar; e puxar a meia para frente retirando do outro pé (Figura 106).

FIGURA 106 - RETIRAR AS MEIAS

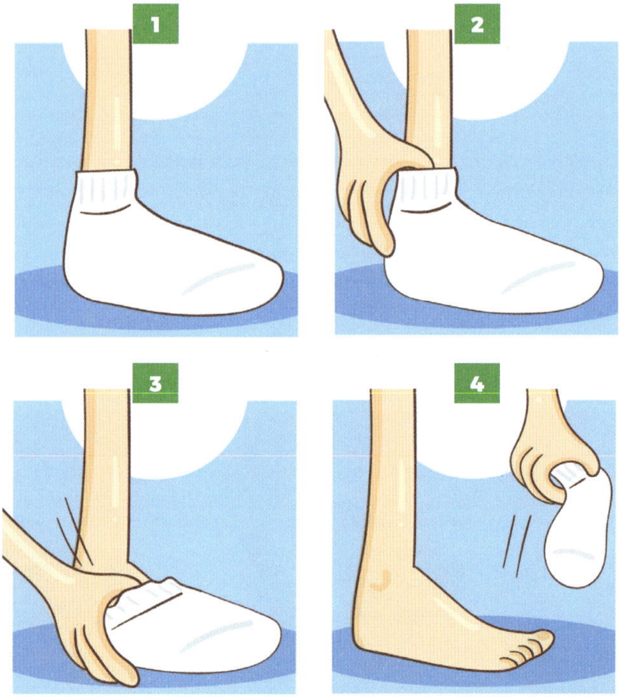

7.7.4 CALÇAR AS MEIAS (3.3.4)

Os comportamentos que compõem essa habilidade são: pegar a meia; abrir a boca da meia; encaixar a boca da meia na ponta do pé; puxar a meia até o meio do pé; puxar a meia até o calcanhar; puxar a meia até o tornozelo; arrumar a meia no pé (calcanhar na posição correta); pegar a outra meia; abrir a boca da outra meia; encaixar a boca da outra meia na ponta do pé; puxar a outra meia até o meio do pé; puxar a outra meia até o calcanhar; puxar a outra meia até o tornozelo; e arrumar a meia no pé (Figura 107).

FIGURA 107 - CALÇAR AS MEIAS

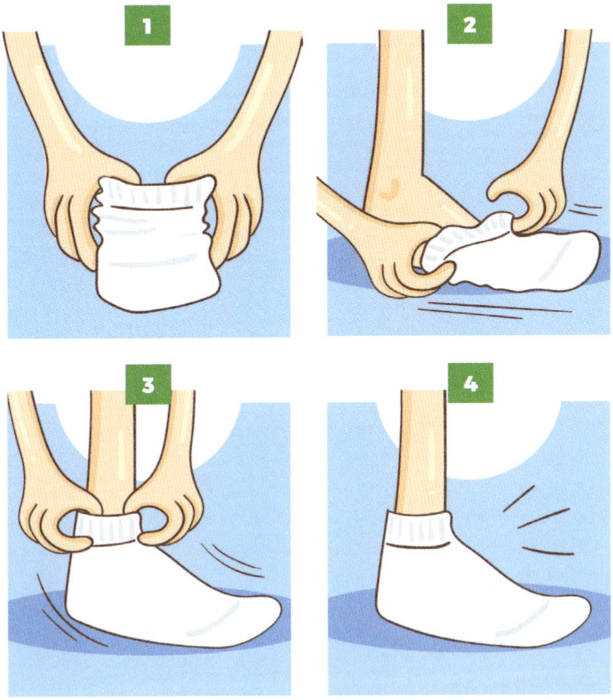

7.8 PROCEDIMENTOS DE ENSINO PARA CALÇADOS

Alguns pontos podem auxiliar o educador no processo de ensino dessas habilidades:

1) Mantenha o ambiente organizado e retire objetos que possam distrair o aprendiz.

2) Mantenha meias e sapatos sempre organizados e nos mesmos lugares para ajudar o aprendiz a se lembrar dos passos da tarefa.

3) Prefira meias e sapatos mais largos, pois são mais fáceis de serem calçados ou retirados.

4) Comece dando ajuda física total e diminua as ajudas gradativamente até o aprendiz conseguir fazer a atividade de maneira independente.

5) Só dê ajuda nos passos que o aprendiz não consegue fazer sozinho; os que ele é capaz de fazer, preocupe-se em manter e melhorar a qualidade.

6) Permita que o aprendiz realize essas atividades estando sentado em uma cadeira, para melhorar o desempenho, a atenção e a confiança.

7) Durante o ensino de calçar os sapatos, a utilização de algumas adaptações pode facilitar o processo de ensino, como utilizar um tapetinho com o desenho da posição correta dos pés.

8) Avalie o nível de exigência e a idade do aprendiz. Por exemplo, crianças pequenas (abaixo de 4 anos) provavelmente não terão condições motoras para amarrar sapatos e essa habilidade deve ser ensinada posteriormente.

9) Ao ensinar calçar as meias, o educador pode, inicialmente, dobrar a meia ao meio, para facilitar o encaixe da meia nos dedos do pé. Gradativamente o educador pode aumentar o tamanho da meia até que o aprendiz consiga calçá-la sem qualquer tipo de auxílio.

10) Não se esqueça de elogiar e recompensar o esforço e a participação do aprendiz!

7.9 MANUSEIO DE COMPLEMENTOS

Essa subdivisão envolve comportamentos bastante complexos, que exigem atenção e refinamento motor, necessários para manusear velcro, zíper, botão, colchetes, cinto e cadarço. Ela é composta por sete Programas de Ensino: Manusear velcro (3.4.1); Manusear zíper (3.4.2); Manusear botão de pressão (3.4.3); Manusear botão (3.4.4); Manusear colchete (3.4.5); Manusear cinto (3.4.6); e Manusear cadarço (3.4.7). Um único protocolo será utilizado para o ensino de todos esses programas (ver Figura 97). As habilidades necessárias a cada um dos programas serão descritas a seguir.

7.9.1 MANUSEAR VELCRO

7.9.1.1 ABRIR VELCRO

Os comportamentos que compõem essa atividade são: segurar a ponta do velcro; puxar para cima descolando o velcro; e repetir os passos com o outro pé de sapato (Figura 108).

FIGURA 108 - ABRIR VELCRO

7.9.1.2 FECHAR VELCRO

Os comportamentos que compõem essa atividade são: segurar a ponta do velcro; juntar os dois lados do velcro; e repetir os passos com o outro pé de sapato.

7.9.2 MANUSEAR ZÍPER

7.9.2.1 ABRIR ZÍPER

Os comportamentos que compõem essa atividade são: segurar a parte de cima do zíper com uma mão; segurar o fecho com a outra mão; puxar o fecho para baixo abrindo o zíper; e desencaixar a terminação (Figura 109).

FIGURA 109 - ABRIR ZÍPER

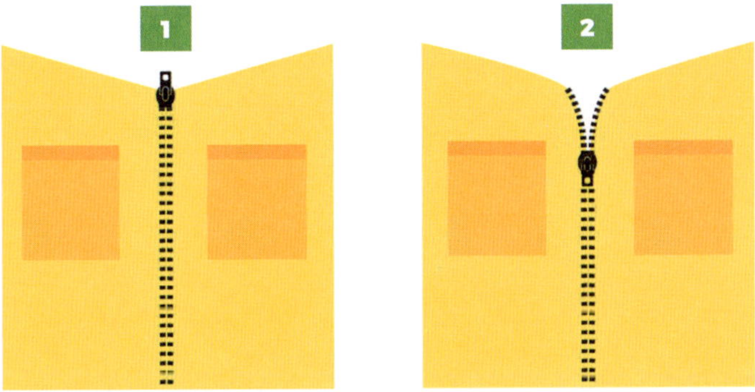

7.9.2.2 FECHAR ZÍPER

Os comportamentos que compõem essa atividade são: encaixar a terminação; segurar a parte de baixo do zíper com uma mão; segurar o fecho com a outra mão e; puxar o fecho para cima fechando o zíper.

7.9.3 MANUSEAR BOTÃO DE PRESSÃO

7.9.3.1 ABRIR BOTÃO DE PRESSÃO

Os comportamentos que compõem essa atividade são: segurar um lado do tecido com uma das mãos; segurar o outro lado do tecido com a outra mão; e puxar dos dois lados do botão (Figura 110).

FIGURA 110 - ABRIR BOTÃO DE PRESSÃO

7.9.3.2 FECHAR BOTÃO DE PRESSÃO

Os comportamentos que compõem essa atividade são: segurar um lado do tecido com uma das mãos; segurar o outro lado do tecido com a outra mão; juntar as duas partes do botão; e apertar as partes do botão até ouvir um clique.

7.9.4 MANUSEAR BOTÃO

7.9.4.1 ABRIR BOTÃO

Os comportamentos que compõem essa atividade são: segurar o tecido com uma das mãos; segurar o botão com a outra mão; e empurrar o botão, retirando-o da casa (Figura 111).

FIGURA 111 - ABRIR BOTÃO

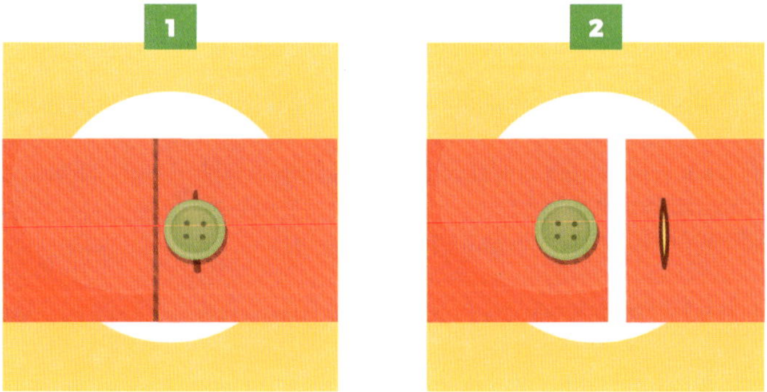

7.9.4.2 FECHAR BOTÃO

Os comportamentos que compõem essa atividade são: segurar o botão com uma das mãos; segurar o tecido com a outra mão; encaixar o botão na casa; e puxar o botão.

7.9.5 MANUSEAR COLCHETE

7.9.5.1 ABRIR COLCHETE

Os comportamentos que compõem essa atividade são: segurar um lado do tecido com uma das mãos; segurar o outro lado do tecido com a outra mão; empurrar simultaneamente os dois lados do tecido; desencaixar a presilha e; repetir os passos até desencaixar todas as presilhas (Figura 112).

FIGURA 112 - ABRIR COLCHETE

7.9.5.2 FECHAR COLCHETE

Os comportamentos que compõem essa atividade são: segurar um lado do tecido com uma das mãos; segurar o outro lado do tecido com a outra mão; empurrar simultaneamente os dois lados do tecido; encaixar a presilha; e repetir os passos até encaixar todas as presilhas.

7.9.6 MANUSEAR CINTO

7.9.6.1 ABRIR CINTO

Os comportamentos que compõem essa atividade são: retirar a correia do cinto (ponta do cinto) da presilha; segurar a correia do cinto com uma mão e puxar retirando o pino (da fivela) do buraco da correia; e puxar a correia do cinto, retirando-a da fivela (Figura 113).

FIGURA 113 - ABRIR CINTO

7.9.6.2 FECHAR CINTO

Os comportamentos que compõem essa atividade são: segurar a correia do cinto com uma das mãos e a fivela com a outra mão; colocar a ponta da correia dentro da fivela; puxar a correia; encaixar o pino no buraco da correia; e encaixar a ponta da correia na presilha.

7.9.7 MANUSEAR CADARÇO

7.9.7.1 DESAMARRAR CADARÇO

Os comportamentos que compõem essa atividade são: pegar uma ponta do cadarço; puxar a ponta do cadarço; e puxar simultaneamente os dois lados do cadarço, desfazendo o nó (Figura 114).

FIGURA 114 - DESAMARRAR CADARÇO

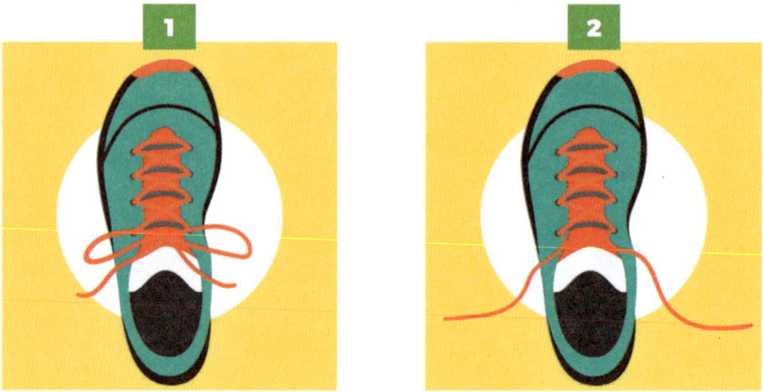

7.9.7.2 AMARRAR CADARÇO

Há maneiras diferentes de amarrar cadarço. Apresentaremos duas maneiras de ensino e você deverá escolher apenas uma delas para realizar com seu aprendiz:

1) Pegar uma ponta do cadarço; pegar a outra ponta do cadarço; passar uma ponta na frente da outra (cruzar as pontas formando um vão); passar uma ponta no vão; puxar as duas pontas simultaneamente; dobrar as pontas do cadarço fazendo duas "orelhas"; passar uma "orelha" na frente da outra (cruzar formando um vão); passar uma "orelha" no vão; e puxar as duas orelhas simultaneamente.

2) Pegar uma ponta do cadarço; pegar a outra ponta do cadarço; passar uma ponta na frente da outra (cruzar as pontas formando um vão); passar uma ponta no vão; puxar as duas pontas simultaneamente; dobrar uma ponta do cadarço fazendo uma "orelha"; pegar a outra ponta do cadarço; passar na frente da orelha com a outra mão (cruzar formando um vão); e passar o cadarço no vão, puxando e formando a outra "orelha".

7.10 PROCEDIMENTOS DE ENSINO PARA OS PROGRAMAS DE MANUSEIO DE COMPLEMENTOS

Essa subdivisão envolve os comportamentos mais difíceis de serem ensinados, em função da grande exigência de atenção e refinamento motor, por isso são os últimos programas a serem inseridos na nossa rota de ensino (veja Figura 12 do Capítulo 3). Aqui se deve considerar também a idade do aprendiz para iniciar o ensino de algumas habilidades (verifique a Figura 75), pois crianças pequenas (ex.: 3 anos) não serão capazes de, por exemplo, amarrar o cadarço, mas poderão abrir velcro e zíper.

Iniciar o ensino dessas habilidades "fora do corpo", usando pranchas com complementos (compradas em lojas especializadas ou confeccionadas), pode ser mais fácil para alguns aprendizes. O uso desses recursos pode auxiliar o aprendiz a entender os movimentos necessários para o manuseio de cada complemento. Após ter ensinado as habilidades na prancha, o educador pode começar a treinar em roupas e calçados que o aprendiz está usando.

Adaptações como argolas no fecho do zíper e botões grandes são muito bem-vindas e devem ser utilizadas no processo de ensino de manuseio de complementos. Nesse âmbito, um profissional de Terapia Ocupacional será de muita ajuda na avaliação e escolha das adaptações mais adequadas para cada aprendiz.

8

HABILIDADES PARA USO DO BANHEIRO

Aprender habilidades para o uso do banheiro é fundamental para aumentar a independência, autonomia, socialização e qualidade de vida da pessoa com autismo e da família dela. Imagine os obstáculos de um adolescente com autismo de 12 anos que ainda utiliza fraldas: tudo é muito mais custoso! Há a necessidade constante de um cuidador, é difícil administrar o uso da fralda (tamanho da fralda, quantidade de xixi e cocô, fazer a troca da fralda fora de casa, entre outros empecilhos), além do alto custo financeiro relacionado à compra das fraldas. Dessa maneira, o ensino de habilidades para o uso do banheiro é essencial, mas depende fortemente do compromisso e da participação ativa do educador.

O passo mais importante nessa área é a retirada da fralda. É comum ouvirmos o relato de educadores sugerindo que esse processo seja iniciado quando a criança der sinais de que está "pronta", indicando incômodo com a fralda suja, aceitando sentar no vaso ou penico ou diferenciando xixi e cocô. Porém, muitas pessoas com autismo podem não apresentar esses sinais, o que não impede que o processo de retirada da fralda seja iniciado; isso significa que mesmo que uma pessoa com autismo não demonstre que está "pronta" para a retirada da fralda, deve-se iniciar o processo de ensino.

Iniciar a retirada da fralda o mais cedo possível traz muitos benefícios. Algumas pessoas com autismo podem apresentar dificuldades nesse processo e levar anos para conseguir usar o banheiro com independência. Assim, quanto mais o educador demorar a iniciar o ensino, mais tempo a pessoa levará para aprender. Outro aspecto importante é a idade do aprendiz; quanto mais velha é a pessoa com autismo, mais difícil fica a retirada da fralda. Neste capítulo apresentaremos estratégias para auxiliar no ensino de habilidades para o uso do banheiro.

8.1 O QUE ESPERAR EM CADA PERÍODO DE IDADE

A criança aprende habilidades para o uso do banheiro gradativamente, começando com comportamentos mais simples e passando para os mais complexos. Algumas habilidades são bastante complexas e exigem um refinamento motor para que se tenha qualidade e independência. Um exemplo disso é a habilidade de limpar-se após o uso do vaso sanitário, que a criança típica só vai ganhar independência com aproximadamente 6 anos. A Figura 115 apresenta habilidades relacionadas à higiene pessoal que são tipicamente esperadas entre 0 e 6 anos.

IDADE	HABILIDADES
ATÉ 2 ANOS	- Início do controle dos esfíncteres - Aceitar sentar no vaso ou penico - Perceber xixi e cocô na fralda
ATÉ 3 ANOS	- Controlar o xixi e o cocô (diurnos), mas eventualmente ainda ocorrem episódios de xixi ou cocô na roupa - Avisar que quer ir ao banheiro - Ao dormir durante o dia, permanecer seca
ATÉ 4 ANOS	- Não usar fraldas - Ir ao banheiro sozinha durante o dia - Apresentar o controle noturno, mas ainda ocorrem episódios de xixi na cama
ATÉ 5 ANOS	- Controle total dos esfíncteres (xixi e cocô)
ATÉ 6 ANOS	- Participar de todos os passos no uso do banheiro, incluindo limpar-se

FIGURA 115 - HABILIDADES PARA O USO DO BANHEIRO DE 0 A 6 ANOS.

8.2 ENSINANDO HABILIDADES PARA O USO DO BANHEIRO

Essa área é composta por quatro Programas de Ensino: Aceitar sentar no vaso sanitário/penico (4.1.1); Controlar os esfíncteres (4.1.2); Usar o banheiro (4.1.3); e Limpar-se (4.1.4).

A Figura 116 apresenta uma rota para auxiliar na implementação dos programas em uma sequência que facilite o ensino. Os programas devem ser inseridos obrigatoriamente seguindo a ordem das setas: primeiro 4.1.1, depois 4.1.2, na sequência 4.1.3 e finalmente 4.1.4. Lembre-se de que essa é uma rota específica para a introdução dos programas de habilidades para o uso do banheiro e que para ensinar habilidades de autocuidados de maneira intensiva e ampla você deve seguir também a rota de ensino geral que está na Figura 12 do Capítulo 3. A seguir serão apresentados os Programas de Ensino com a descrição dos procedimentos, protocolos e critérios de aprendizagem.

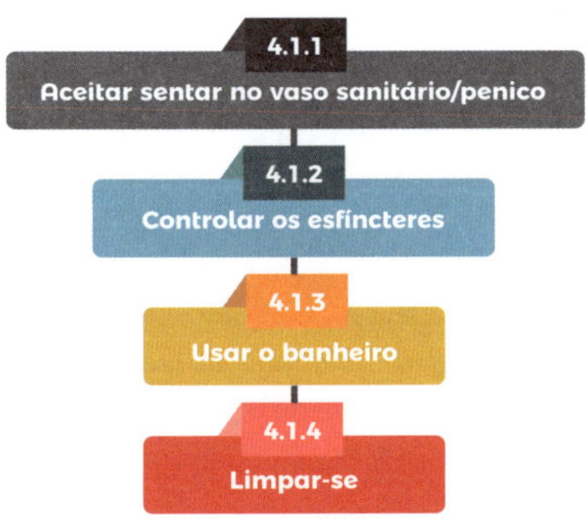

FIGURA 116 - ROTA PARA HABILIDADES PARA O USO DO BANHEIRO

8.3 ACEITAR SENTAR NO VASO SANITÁRIO/PENICO (4.1.1)

8.3.1 DEFINIÇÃO

Algumas pessoas com autismo podem apresentar uma resistência enorme em sentar no vaso sanitário ou penico. Esse comportamento pode ser decorrente de vários fatores como: receio do banheiro, sensibilidade ao barulho da descarga, medo de cair no vaso ou mesmo histórico de ter sido colocado no vaso à força. O objetivo desse programa é fazer com que o aprendiz se familiarize com o ambiente do banheiro e aceite sentar e permanecer no vaso sanitário ou penico.

8.3.2 PROCEDIMENTOS DE ENSINO

O procedimento geral de ensino consiste em o educador direcionar o aprendiz para o vaso sanitário ou penico para que ele permaneça sentado por um tempo antes de se levantar. O educador deve contar o tempo total no qual o aprendiz permaneceu sentado (utilize um relógio ou cronômetro para isso).

A seguir serão apresentadas algumas estratégias que em conjunto podem auxiliar no ensino dessa habilidade:

1. Lembre-se de que se trata de um processo de aprendizagem; isso significa que você não vai ver uma aceitação do aprendiz no primeiro dia de atividade. Algumas pessoas com autismo apresentam uma resistência imensa em sentar no vaso ou penico. Para esse perfil de aprendiz, o processo poderá ser lento e gradativo. Você precisará conquistar a confiança do aprendiz progressivamente, então tenha calma!

2. A pior coisa a ser feita é segurar o aprendiz; quando você segura, indica que aquela atividade é ruim e que há certo "perigo" em realizá-la.

3. Comece com passos pequenos e aumente a exigência gradativamente. Por exemplo, se o aprendiz não aceita entrar no banheiro, comece incentivando esse passo, sem necessariamente exigir que o aprendiz sente no vaso sanitário ou penico.

4. Para crianças que começarão a utilizar o penico e que apresentam muita resistência em entrar no banheiro, pode-se, inicialmente, realizar essa atividade fora do banheiro, em um local no qual o aprendiz se sinta confortável. Gradativamente você vai direcionando o penico para dentro do banheiro.

5. A transição do penico para o vaso sanitário também deve ser gradativa. Porém, você não precisa esperar o aprendiz sentar no vaso sanitário para começar o próximo programa de ensino. Sentar no penico é suficiente para iniciar o programa Controlar os esfíncteres (veja a seguir em critério de aprendizagem).

6. O uso de assentos redutores é aconselhável, principalmente quando o aprendiz é uma criança pequena. Há diversos modelos disponíveis no mercado e você deve selecionar aquele que seu aprendiz se adaptar melhor. Suporte para os pés (ex.: banquinho ou redutores com escadas) também são recomendados quando a criança é muito pequena.

7. Quando o aprendiz aceitar sentar no vaso ou penico, aumente o tempo que ele permanece sentado gradativamente, até atingir o critério de aprendizagem (será descrito posteriormente).

8. Prepare a atividade: selecione previamente o local, os materiais a serem utilizados e evite improvisos. Escolha momentos do dia em que há tempo para fazer a atividade e que o aprendiz está tranquilo.

9. Crie oportunidades agradáveis de aprendizagem; aqui vale usar brinquedos ou eletrônicos para convencer o aprendiz a sentar e permanecer no vaso sanitário (avalie o que agrada ao seu aprendiz!). Quando você torna a atividade agradável, aumentam-se as chances de o aprendiz topar e engajar na tarefa (Figura 117)!

10. Lembre-se de sempre de elogiar cada progresso do aprendiz!

FIGURA 117 - ACEITAR SENTAR NO VASO

8.3.3 PROTOCOLO

Para o registro desse programa você utilizará um protocolo Descritivo (Figura 118). Inicialmente o educador deverá escrever no protocolo o nome do aprendiz e o nome dele. A cada dia de ensino o educador deverá preencher: a data da atividade; os itens utilizados na atividade (ex.: massinha, revista, celular); e o tempo total no qual o aprendiz ficou sentado no vaso sanitário ou penico. O registro te auxiliará a perceber e a acompanhar o progresso do aprendiz ao longo do tempo até atingir o critério de aprendizagem. Lembre-se de que o registro deve ser feito imediatamente após a atividade e não muito tempo depois, pois informações importantes podem ser esquecidas.

8.3.4 CRITÉRIO DE APRENDIZAGEM

Considera-se que o aprendiz finalizou esse programa de ensino quando ele é capaz de sentar no vaso sanitário ou penico, pelo menos três dias consecutivos, sem apresentar problemas de comportamento, e permanecer sentado por 10 a 15 minutos em cada dia. Até atingir o critério de aprendizagem o educador deve fazer e registrar a atividade diariamente. Após a aprendizagem, deve-se parar de registrar no protocolo e iniciar imediatamente o programa Controlar os esfíncteres (4.1.2).

FIGURA 118 - PROTOCOLO 4.1.1 ACEITAR SENTAR NO VASO SANITÁRIO/PENICO

4.1.1 ACEITAR SENTAR NO VASO SANITÁRIO/PENICO

Aprendiz: ______________________ Educador: ______________________

Procedimento: preencha a data, os itens utilizados (ex. livro, tablet, celular), as reações do aprendiz (ex. não aceitou sentar, ficou tranquilo) e o tempo em que o aprendiz permaneceu sentado no vaso ou penico.

DATA	ITENS	REAÇÕES	TEMPO

8.4 CONTROLAR OS ESFÍNCTERES (4.1.2)

8.4.1 DEFINIÇÃO

Após aprender a sentar no vaso sanitário ou penico é hora de começar a retirada da fralda. O processo de aprendizagem para o controle dos esfíncteres pode ser muito variado de um aprendiz para o outro; há pessoas com autismo que aprendem rapidamente e há outras que levarão muito tempo para aprender. No geral, o controle do xixi é aprendido antes do controle do cocô.

8.4.2 PROTOCOLO

Esse programa tem um protocolo específico que serve para registrar a rotina de horários do aprendiz no controle dos esfíncteres (urinário e intestinal). Ele é composto por uma tabela na qual os horários estão especificados em cada uma das linhas (de 15 em 15 minutos). O educador preenche cada evento de xixi ou cocô no horário em que acontecem, com as seguintes siglas:

S (SECO):
O aprendiz ainda usa fralda em algum momento e quando o educador a retira não há xixi ou cocô;

BX (BANHEIRO XIXI) OU BF (BANHEIRO FEZES):
O educador direciona o aprendiz ao vaso sanitário ou penico e este faz xixi ou cocô corretamente;

M (MOLHADO) E F (FEZES):
O aprendiz fez xixi ou cocô na roupa ou na fralda;

NF (NÃO FEZ):
O educador direciona o aprendiz ao vaso sanitário ou penico e este não faz xixi ou cocô;

FR:
O aprendiz está em processo de retirada da fralda, porém o educador precisou colocar fralda no aprendiz.

As Figuras 119 e 120 apresentam o protocolo para o controle dos esfíncteres. Você pode montar uma agenda com os protocolos para facilitar o registro (tendo a Figura 119 como capa), pois em formato de agenda você pode levá-la com facilidade para qualquer lugar que for com o aprendiz (Figura 121).

FIGURA 119 - PROTOCOLO 4.1.2 CONTROLE DOS ESFÍNCTERES (CAPA)

IDENTIFICAÇÃO

APRENDIZ: ____________________

EDUCADOR: ____________________

LEGENDA

S	Seco (fralda)
BX	Banheiro Xixi
BF	Banheiro Fezes
M	Molhado (xixi na roupa ou fralda molhada)
F	Fezes na roupa ou na fralda
NF	Não fez
FR	Está de fralda

FIGURA 119- PROTOCOLO 4.1.2 CONTROLE DOS ESFÍNCTERES (CAPA)

FIGURA 120 - PROTOCOLO 4.1.2 CONTROLE DOS ESFÍNCTERES

DATA:

6:00		15:00	
6:15		15:15	
6:30		15:30	
6:45		15:45	
7:00		16:00	
7:15		16:15	
7:30		16:30	
7:45		16:45	
8:00		17:00	
8:15		17:15	
8:30		17:30	
8:45		17:45	
9:00		18:00	
9:15		18:15	
9:30		18:30	
9:45		18:45	
10:00		19:00	
10:15		19:15	
10:30		19:30	
10:45		19:45	
11:00		20:00	
11:15		20:15	
11:30		20:30	
11:45		20:45	
12:00		21:00	
12:15		21.15	
12:30		21:30	
12:45		21:45	
13:00		22:00	
13:15		22:15	
13:30		22:30	
13:45		22:45	
14:00		23:00	
14:15		23:15	
14:30		23:30	
14:45		23:45	

FIGURA 121 - AGENDA COM PROTOCOLOS 4.1.2 CONTROLE DOS ESFÍNCTERES

8.4.3 PROCEDIMENTOS DE ENSINO

A aquisição do controle dos esfíncteres depende muito da participação ativa do educador, pois inicialmente será ele o responsável por direcionar o aprendiz ao vaso sanitário ou penico, de tempos em tempos, até que o aprendiz consiga ir sozinho, sem o auxílio do cuidador. Podemos dividir o processo de ensino em cinco etapas: 1) Investigação da frequência do xixi e do cocô; 2) Controle do xixi diurno em casa; 3) Controle do xixi diurno fora de casa; 4) Controle intestinal; e 5) Controle noturno. O educador deve ajudar o aprendiz no manejo da roupa em todas as etapas, pois o objetivo aqui é apenas o controle dos esfíncteres e não a independência para despir e vestir.

8.4.3.1 INVESTIGAÇÃO DA FREQUÊNCIA DO XIXI E DO COCÔ

O primeiro passo para a retirada da fralda é a investigação a respeito da frequência em que o aprendiz faz o xixi e o cocô. Para isso, o educador deve retirar a fralda do aprendiz ao acordar e registrar se a fralda está seca ou molhada (conforme especificação no protocolo); em seguida, deve-se direcionar o aprendiz para o vaso sanitário e solicitar que ele faça o xixi (provavelmente ele não fará, pois ainda não aprendeu).

O aprendiz deve ficar sem a fralda durante todo o dia e o educador deve direcioná-lo para o vaso sanitário de tempos em tempos. Provavelmente o aprendiz fará xixi e cocô na roupa várias vezes e para cada evento desse o educador deve registrar no protocolo. O registro permitirá ao educador estimar o tempo que o aprendiz leva entre um xixi e outro (ex. de 30 em 30 minutos, de uma em uma hora) e a hora aproximada do cocô.

É obvio que esse é um momento complexo, pois o aprendiz fará xixi e cocô várias vezes pela casa, então prepare-se para esse momento, tenha calma e entenda que ele é passageiro! Quando o aprendiz fizer xixi ou cocô na roupa, não o repreenda, apenas troque a roupa dele sem dizer nada. Um bom momento para fazer essa tarefa é no final de semana, quando há tempo e disponibilidade para deixar o aprendiz sem fralda.

8.4.3.2 CONTROLE DO XIXI DIURNO EM CASA

Após ter uma ideia a respeito do tempo entre um xixi e outro, o educador deve manter o aprendiz sem fraldas e direcioná-lo para o banheiro, considerando o intervalo estimado por meio do registro. Por exemplo, se o aprendiz faz xixi de 30 em 30 minutos e o educador o direcionou ao banheiro as 14:30h, então as 15:00h o educador deve direcionar novamente (Figura 122). Pode-se utilizar um temporizador (ex.: timer de cozinha) para que não haja esquecimento por parte do educador.

FIGURA 122 - CONTROLE DO XIXI

Quando o aprendiz fizer o xixi no vaso ou penico, o educador deve parabenizá-lo; quando o aprendiz fizer o xixi na roupa, lembre se de incentivá-lo e não repreendê-lo, pois ele está em processo de aprendizagem. Observe os sinais que o aprendiz apresenta que podem ser indicativos de que ele deseja fazer xixi e antecipe-se. Por exemplo, se o menino começa a pegar no pênis com uma frequência maior do que a de costume, pode ser um indicativo de vontade de fazer xixi; nesse caso, o educador deve direcionar o aprendiz para o banheiro antes que ele faça o xixi na roupa.

Intervalos muito curtos de tempo (ex.: 15 em 15 minutos) podem deixar o aprendiz irritado em ir ao banheiro tantas vezes; nesse caso, é indicado que o educador amplie o tempo entre uma e outra ida ao banheiro. Outro aspecto importante é que aprendizes que fazem xixi em intervalos muito curtos tendem a ampliar o tempo gradativamente, à medida que o processo de ensino acontece.

Seja gentil e amistoso ao direcionar o aprendiz para o banheiro e evite levá-lo a força ou segurá-lo no banheiro até que ele faça xixi. Caso você leve o aprendiz ao banheiro e ele se recuse a fazer o xixi, deixe ele ir e um tempo depois o direcione novamente para o banheiro.

Os meninos podem começar a fazer o xixi no vaso sanitário ou penico estando sentado (em função do ensino inicial de aceitar sentar no vaso sanitário/penico) e a transição para fazer xixi estando em pé pode ser realizada gradativamente, caso o educador ache conveniente. Outra transição importante é a do penico para o vaso sanitário; isso permitirá que o aprendiz utilize qualquer banheiro fora de casa. Quando o aprendiz estiver fazendo praticamente todos os xixis no vaso sanitário por setet dias (aceita-se apenas um xixi na roupa por dia), pode-se passar para a próxima etapa.

8.4.3.3 CONTROLE DO XIXI DIURNO FORA DE CASA

Esse é o momento no qual o aprendiz começará a sair de casa sem fraldas e utilizará o banheiro fora de casa. O educador deve levar a criança ao banheiro antes de sair de casa, ao chegar no destino e antes de retornar para casa (Figura 123).

FIGURA 123 - CONTROLE DO XIXI FORA DE CASA

A parceria entre a escola e a família da pessoa com autismo é muito importante nesse processo. A sugestão é que o educador informe à equipe escolar como o aprendiz tem feito xixi em casa (intervalo entre um xixi e outro, suportes utilizados, se o aprendiz pede ou dá sinais de que quer fazer xixi, entre outros aspectos) e que ambos tracem estratégias para que o aprendiz faça xixi no vaso sanitário da escola também. O uso do protocolo de registro na escola pode ser fundamental para evitar que o aprendiz faça xixi na roupa.

Mesmo tendo o controle do xixi em casa e fora dela, muitos aprendizes com autismo ainda não serão capazes de pedir para ir ao banheiro ou ir espontaneamente, sem o direcionamento de um cuidador. Aprender a pedir ou ir de maneira independente pode demorar anos para alguns aprendizes e até lá o educador deve ficar atento para direcionar o aprendiz para o banheiro, evitando xixis na roupa.

8.4.3.4 CONTROLE INTESTINAL

O ensino do uso do vaso sanitário ou penico para fazer o cocô deve ser iniciado simultaneamente ao treino do xixi. O registro auxiliará o educador a ter uma noção a respeito da frequência do cocô e dos horários mais usuais no qual ele acontece. Alguns aprendizes costumam dar sinais evidentes quando estão fazendo o cocô (ex.: escondem-se atrás de móveis, ficam quietos, abaixam-se), e o educador deve ficar atento para direcioná-lo ao banheiro antes que o cocô seja feito na roupa. Caso a pessoa com autismo apresente alterações na frequência ou consistência das fezes, deve-se procurar a assistência de especialistas (ex.: médicos e nutricionistas) antes de iniciar o ensino de habilidades para o controle do cocô.

8.4.3.5 CONTROLE NOTURNO

A retirada da fralda noturna pode ser iniciada quando o aprendiz acordar com a fralda seca por cinco dias dentro de uma mesma semana. Nessa etapa do processo é importante que o educador controle a quantidade de líquidos ingeridos pelo aprendiz a noite e leve-o ao banheiro para fazer xixi antes de dormir e assim que acordar. Há aprendizes que precisam ser direcionados ao banheiro de madrugada para fazer xixi e o educador deve se organizar para levá-lo até que ele aprenda a ir sozinho. Eventualmente o aprendiz ainda fará xixi na cama e você pode utilizar recursos para proteger o colchão (ex.: tapetes impermeáveis ou capas para colchão).

8.4.4 FACILITADORES, DIFICULTADORES E CRITÉRIO DE APRENDIZAGEM

A Figura 124 apresenta aspectos que podem facilitar ou dificultar o processo de ensino para o controle dos esfíncteres. Fique atento a eles!

Quando o aprendiz estiver completamente sem fralda, fazendo xixi e cocô no vaso sanitário, em casa e fora de casa, com raros eventos de xixi e cocô na roupa, considera-se que ele aprendeu a controlar os esfíncteres. Esse critério é válido mesmo se o aprendiz ainda tiver que ser direcionado para o banheiro pelo educador, pois algumas pessoas com autismo demorarão muito tempo (até mesmo anos) para irem sozinhas ao banheiro ou pedirem para ir.

FACILITA	DIFICULTA
Registrar imediatamente no protocolo cada evento de xixi ou cocô	Não fazer o registro corretamente no protocolo
Direcionar o aprendiz para o banheiro no intervalo estipulado	Esquecer de levar o aprendiz ao banheiro no intervalo estipulado
Retirar a fralda e não voltar com ela mais (seguindo as etapas de ensino)	Voltar com a fralda eventualmente por conveniência
Distrair o aprendiz com brinquedos, livros ou eletrônicos, para mantê-lo mais tempo sentado no vaso sanitário ou penico	Segurar o aprendiz e mantê-lo sentado a força no vaso sanitário ou penico
Premiar e elogiar o aprendiz pelo xixi ou cocô no vaso sanitário ou penico	Recriminar e castigar o aprendiz pelo xixi ou cocô na roupa
Utilizar roupas mais simples de serem retiradas	Utilizar roupas que são difíceis de serem retiradas
Ficar atento aos sinais de que o aprendiz vai fazer xixi ou cocô	Não ficar atento aos comportamentos do aprendiz
Contar com a participação da escola	Utilizar fralda na escola quando o aprendiz já é capaz de fazer xixi e cocô no vaso sanitário em ambientes variados

FIGURA 124 - FACILITADORES E DIFICULTADORES

8.5 USAR O BANHEIRO (4.1.3)

Após aprender a controlar os esfíncteres no programa 4.1.2 é hora de ensinar ao aprendiz habilidades para ganhar autonomia no banheiro. Os comportamentos que compõem esse programa são: perceber que quer ir ao banheiro; dirigir-se ao banheiro; fechar a porta; levantar a tampa do vaso sanitário; abaixar a roupa; permanecer sentado ou em pé para fazer xixi ou cocô; limpar-se; levantar do vaso; puxar a roupa; e dar descarga (Figura 125).

FIGURA 125 - USAR O BANHEIRO

8.6 LIMPAR-SE (4.1.4)

A habilidade de limpar-se é complexa e exige atenção do aprendiz e refinamento motor. Os comportamentos que compõem esse programa são: pegar o papel higiênico; puxar a quantidade adequada; destacar o papel do rolo; dobrar o papel; se limpa; e jogar o papel no lixo. (Figura 126).

FIGURA 126 - LIMPAR-SE

8.7 PROCEDIMENTOS DE ENSINO, PROTOCOLOS, CRITÉRIO DE APRENDIZAGEM E MANUTENÇÃO: 4.1.3 E 4.1.4

Comece organizando o ambiente e os materiais que serão utilizados; retire do ambiente objetos que possam distrair o aprendiz. Mantenha os objetos a serem utilizados sempre nos mesmos lugares para ajudar o aprendiz a se lembrar dos passos da tarefa. Dê auxilio nos passos que o aprendiz não consegue fazer sozinho e retire as ajudas gradativamente. No programa Limpar-se, o educador pode auxiliar inicialmente entregando o papel dobrado e limpando o excesso de cocô, deixando para o aprendiz a finalização da limpeza. Gradativamente diminua as ajudas até que o aprendiz consiga realizar a atividade com independência e qualidade.

Nesses programas serão utilizados protocolos ABC (Figuras 127 e 128) e o critério de aprendizagem é de três registros seguidos com 100% das marcações em A. Quando o aprendiz atingir o critério de aprendizagem, deve-se utilizar o protocolo de manutenção (Figura 129) diariamente por três meses, depois semanalmente por mais seis meses, e caso o aprendiz permaneça com 100% das marcações em V no último mês, pode-se parar o registro. Lembre-se sempre de garantir que o aprendiz mantenha as habilidades aprendidas e as utilize em contextos variados.

FIGURA 127 - PROTOCOLO ABC USAR O BANHEIRO

4.1 3 USAR O BANHEIRO

Aprendiz:____

DATA																											
EDUCADOR																											
DESEMPENHO	A	B	C	A	B	C	A	B	C	A	B	C	A	B	C	A	B	C	A	B	C	A	B	C	A	B	C
Perceber que quer ir ao banheiro																											
Dirigir-se ao banheiro																											
Fechar a porta																											
Levantar a tampa do vaso sanitário																											
Abaixar a roupa																											
Permanecer sentado/em pé para fazer xixi/cocô																											
Limpar-se*																											
Levantar do vaso																											
Puxar a roupa																											
Dar descarga																											

*ensinado separadamente

A - SEM AJUDA | B - COM AJUDA | C - NÃO FEZ

FIGURA 128 - PROTOCOLO ABC LIMPAR-SE

4.1.4 LIMPAR-SE

Aprendiz:______________________________

DATA																											
EDUCADOR																											
DESEMPENHO	A	B	C	A	B	C	A	B	C	A	B	C	A	B	C	A	B	C	A	B	C	A	B	C	A	B	C
Pegar o papel higiênico																											
Puxar a quantidade adequada																											
Destacar o papel do rolo																											
Dobrar o papel																											
Limpar-se																											
Jogar o papel no lixo																											

A - SEM AJUDA | B - COM AJUDA | C - NÃO FEZ

FIGURA 129 - PROTOCOLO MANUTENÇÃO HABILIDADES PARA O USO DO BANHEIRO

4. HABILIDADES PARA USO DO BANHEIRO

Aprendiz:______________________________ Educador:______________________________

HABILIDADES	DATAS													
Controle noturno														
Controle diurno														
Uso do banheiro														
Limpar-se														
Total de acertos														

V SEM AJUDA | X COM AJUDA OU NÃO FEZ | --- PROGRAMA NÃO REALIZADO

9

USO DO MANUAL POR CUIDADORES DE CRIANÇAS COM AUTISMO: ESTUDOS DE CASO

Neste capítulo serão apresentados três casos de crianças com autismo (**Lucas**, de 2 anos e 10 meses; **Luiz**, de 4 anos e 1 mês; e **Pedro**, de 8 anos e 10 meses) que ilustram o uso dos recursos deste manual para o ensino de habilidades de autocuidados, no contexto da Intervenção Comportamental Intensiva. As crianças foram acompanhadas pelo CEI entre os anos de 2014 e 2018 e os dados a serem descritos são referentes ao primeiro ano de intervenção intensiva.

As crianças fizeram, em média, 20 horas semanais de intervenção em ambiente domiciliar, realizada por cuidadores, com orientação e supervisão de dois profissionais do CEI: um com formação em Terapia Ocupacional e outro em Psicologia. O profissional de Terapia Ocupacional orientava os cuidadores sobre o ensino das habilidades de autocuidados descritas neste livro e o de Psicologia orientava o ensino das habilidades básicas (descritas no livro: *Ensino de Habilidades Básicas para Pessoas com Autismo: Manual para Intervenção Comportamental Intensiva*[21]). Estima-se que só as atividades de autocuidados ocupavam 10 das 20 horas semanais de intervenção.

9.1 PROCEDIMENTOS ADOTADOS PELO CEI

A intervenção, orientada e supervisionada por profissionais de Terapia Ocupacional e Psicologia, ocorreu na residência das crianças com autismo. Antes da intervenção as crianças foram avaliadas pelos seguintes instrumentos:

1) INVENTÁRIO PORTAGE OPERACIONALIZADO[22] (IPO):

Avalia o padrão de desenvolvimento infantil em cinco áreas: linguagem, socialização, desenvolvimento motor, cognição e autocuidados, em períodos de idade que vão de 0 a 6 anos. Não é um instrumento destinado a avaliar especificamente o desenvolvimento de crianças com autismo, mas avalia o desenvolvimento de qualquer criança, independentemente do diagnóstico. O inventário foi adaptado e operacionalizado para a população brasileira.

2) INVENTÁRIO DE AVALIAÇÃO PEDIÁTRICA DE INCAPACIDADES[23] (PEDI):

É um instrumento que pode ser aplicado em crianças de 6 meses a 7 anos e 11 meses (crianças maiores podem ser avaliadas desde que o desempenho funcional delas esteja dentro dessa faixa etária) e mede três áreas funcionais: autocuidado, mobilidade e função social. Além disso, fornece também dados a respeito do nível de assistência dos cuidadores. O inventário foi traduzido e adaptado para a população brasileira.

21 GOMES; SILVEIRA, 2016
22 WILLIAMS; AIELLO, 2001
23 MANCINI, 2005.

3) PSYCHOEDUCACIONAL PROFILE-REVISED[24] (PEP-R):

Avalia tanto atraso no desenvolvimento como comportamentos típicos de autismo e oferece informações sobre sete áreas na Escala do Desenvolvimento: imitação, percepção, coordenação motora fina, coordenação motora grossa, integração olho mão, desenvolvimento cognitivo e cognitivo verbal, além de quatro áreas na escala de comportamento: linguagem, relacionamento e afeto, respostas sensoriais e interesses por materiais. Pode ser utilizado com crianças de 6 meses a 12 anos de idade. Foi adaptado e validado para a população brasileira[25] .

Após o término da avaliação, cada responsável por cada uma das crianças recebeu um relatório impresso com os resultados da avaliação e explicações gerais a respeito da intervenção. Essa conversa consistiu basicamente em explicar aos responsáveis como estava o desenvolvimento da criança, o que deveria ser feito e combinar com eles quando e como aconteceriam as orientações dos profissionais especializados do CEI.

Na sequência, iniciou-se a intervenção domiciliar, enfocando um cuidador principal para cada criança. Um plano de ação para a introdução dos programas de ensino foi traçado para cada criança, tendo como referência o Currículo de Habilidades de Autocuidados, a rota para o ensino dessas habilidades (descrita no Capítulo 3), os resultados da avaliação do desenvolvimento e o perfil de cada família (interesses, demandas, dificuldades e facilidades).

A função dos profissionais do CEI era de ensinar os cuidadores a realizar as atividades com as crianças com autismo e fazer os registros nos protocolos, conforme descrito nos Programas de Ensino desse livro. Além disso, os profissionais supervisionavam a realização correta das atividades e dos registros para garantir a fidedignidade da intervenção.

Aproximadamente 12 meses após a avaliação inicial, as crianças foram reavaliadas por meio dos mesmos instrumentos utilizados na primeira avaliação. A seguir serão descritos os resultados da intervenção realizada com cada uma das crianças e para garantir o sigilo serão utilizados nomes fictícios.

24 SCHOPLER ET AL., 1990
25 LEON ET AL., 2004

9.2 CASO LUCAS

9.2.1 PERFIL DA CRIANÇA

Lucas chegou ao CEI em fevereiro de 2015 com 2 anos e 10 meses de idade e não falava. Foi diagnosticado aos 2 anos e 4 meses por um psiquiatra infantil especializado. Os pais tinham formação em nível superior, trabalhavam fora de casa e Lucas era filho único. A criança frequentava uma escola regular em período parcial e no contraturno ficava em casa com a mãe e uma tia. Além disso, fazia uma sessão por semana de terapia ocupacional (integração sensorial) e fonoaudiologia, em consultório privado, com duração de 50 minutos cada consulta. Lucas não fazia uso de medicação nem tratamentos alternativos.

9.2.2 AVALIAÇÃO DO DESENVOLVIMENTO

Lucas foi avaliado por meio do IPO e PEP-R. Os resultados indicaram atraso no desenvolvimento: o IPO indicou atraso na maioria das áreas, exceto em desenvolvimento motor, e o PEP-R indicou atraso em todas as áreas. De acordo com o PEP-R, o desempenho da criança era compatível com o de uma criança típica de 1 ano e 5 meses (17 meses de atraso); pelos critérios do IPO, o resultado de Lucas era compatível com o de uma criança de 1 ano (22 meses de atraso). Especificamente em relação às habilidades de autocuidados, a pontuação de Lucas no IPO foi de 33, compatível com 2 anos e 1 mês, sugerindo 9 meses de atraso.

9.2.3 ENSINO DE HABILIDADES DE AUTOCUIDADOS

As atividades eram realizadas na casa de Lucas pela mãe e pela tia da criança. Uma vez por semana uma terapeuta ocupacional do CEI ia até a casa de Lucas para ensinar às cuidadoras como elas deveriam fazer as atividades, registrar nos protocolos e manter as habilidades aprendidas. A terapeuta ficava na casa da criança por aproximadamente uma hora por semana.

A criança foi avaliada em fevereiro de 2015 e foi reavaliada em janeiro de 2016. A figura 130 apresenta a sequência de introdução dos Programas de Ensino de autocuidados e a duração de cada um deles em meses, até a criança atingir o critério de aprendizagem. Foram ensinados 23 programas em 10 meses de intervenção; 4 de alimentação, 10 de higiene pessoal, 6 de vestuário e 3 de uso do banheiro.

FIGURA 130- PROGRAMAS DE ENSINO REALIZADOS POR LUCAS

ÁREAS	PROGRAMAS	JUL	AGO	SET	OUT	NOV	DEZ	JAN	FEV	MAR	ABR	MAI	JUN	JUL	AGO
Alimentação	Usar a colher														
	Usar o garfo para fincar														
	Usar o copo														
	Usar guardanapo														
	Servir líquidos														
Higiene Pessoal	Escovar os dentes														
	Tomar banho														
	Enxugar o corpo														
	Lavar o cabelo														
	Lavar as mãos														
	Enxugar as mãos														
Vestuário	Despir parte superior do corpo														
	Despir parte inferior do corpo														
	Vespir parte superior do corpo														
	Vespir parte inferior do corpo														
	Retirar as meias														
	Calçar os sapatos														
Uso do banheiro	Controlar esfincter urinário														
	Usar o banheiro (xixi)														
	Usar o banheiro (cocô)														
	AVALIAÇÃO														

9.2.4 RESULTADOS

A Figura 131 apresenta os resultados de Lucas no IPO que é o instrumento que mediu o desempenho em autocuidados. A criança apresentou melhora em todas as áreas do desenvolvimento após a Intervenção Comportamental Intensiva e especificamente em autocuidados passou da pontuação inicial de 33 pontos para 54. Isso significa que a criança tinha idade cronológica inicial de 2 anos e 10 meses, mas pontuação inicial em autocuidados compatível com uma criança típica de 2 anos e 1 mês. Após a intervenção, a criança tinha 3 anos e 9 meses em idade cronológica e pontuação no IPO em autocuidados compatível com 3 anos e 4 meses; um ganho de 15 meses em 10 meses de terapia, deixando essa área do desenvolvimento muito próxima ao que era esperado para a idade cronológica dele.

FIGURA 131 - RESULTADO DE LUCAS NO IPO

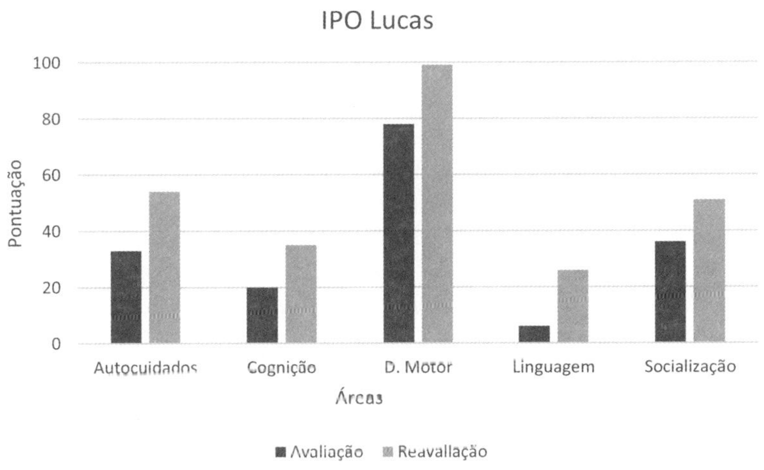

Após a avaliação final, a criança continuou em intervenção intensiva e seguiu com a aprendizagem das habilidades de autocuidados que ele ainda não havia aprendido. A família sempre foi muito presente, colaborativa e empenhada em fazer o melhor, especialmente a mãe, que foi responsável pela maior parte da estimulação da criança. Após aproximadamente três anos de Intervenção Comportamental Intensiva, em janeiro de 2018, as avaliações do desenvolvimento indicaram que a criança não apresentava mais atraso no desenvolvimento e estava independente em autocuidados. Dessa maneira, Lucas teve alta da intervenção intensiva e permaneceu fazendo sessões semanais de 50 minutos de fonoaudiologia em consultório particular. No ano de 2018, a criança falava bem, apresentava bom comportamento social, estava na escola regular sem professor de apoio, acompanhava bem o conteúdo pedagógico, sabia ler e escrever.

9.3 CASO LUIZ

9.3.1 PERFIL DA CRIANÇA

Luiz morava em uma cidade a 2.400 km da sede do CEI. Começou a ser acompanhado no CEI em outubro de 2016, com 4 anos e 1 mês de idade e falava pouco. Foi diagnosticado aos 2 anos e 10 meses por um neuropediatra especializado e vinha fazendo terapias desde a época do diagnóstico. Os pais tinham formação em nível superior, trabalhavam fora de casa e Luiz tinha um irmão 2 anos e 7 meses mais velho que apresentava desenvolvimento típico. A criança frequentava uma escola regular em período parcial e no contraturno ficava em casa com uma babá e uma estagiária de Psicologia. Luiz não fazia uso de medicação e fazia dieta com restrição de leite e derivados, glúten, ovo e amendoim, por apresentar alergia.

9.3.2 AVALIAÇÃO DO DESENVOLVIMENTO

Luiz foi avaliado por meio do IPO e PEP-R. Os resultados indicaram atraso no desenvolvimento: o IPO indicou atraso na maioria das áreas, exceto em desenvolvimento motor, e o PEP-R indicou atraso na maioria das áreas, exceto em imitação e percepção. De acordo com o PEP-R, o desempenho da criança era compatível com o de uma criança típica de 2 anos e 4 meses (21 meses de atraso); pelos critérios do IPO, o resultado de Luiz era compatível com o de uma criança de 1 ano e 6 meses (31 meses de atraso). Especificamente em relação às habilidades de autocuidados, a pontuação de Luiz no IPO foi de 22, compatível com 1 ano e 7 meses, sugerindo 30 meses de atraso.

9.3.3 ENSINO DE HABILIDADES DE AUTOCUIDADOS

As atividades de autocuidados eram realizadas na casa de Luiz pela mãe e pela babá. Uma vez por semana uma terapeuta ocupacional do CEI ensinava as cuidadoras a fazer as atividades, registrar nos protocolos e manter as habilidades aprendidas pela criança. As orientações aconteciam por meio de videoconferência em sessões semanais com duração aproximada de uma hora cada.

A criança foi avaliada em outubro de 2016 e foi reavaliada em julho de 2017 (reavaliação foi antecipada em função de demandas da família da criança). A Figura 132 apresenta a sequência de introdução dos Programas de Ensino de autocuidados e a duração de cada um deles em meses, até a criança atingir o critério de aprendizagem. Foram ensinados 23 programas em 8 meses de intervenção: 3 de alimentação, 7 de higiene pessoal, 9 de vestuário e 4 de uso do banheiro.

FIGURA 132 PROGRAMAS DE ENSINO REALIZADOS POR LUIZ

ÁREAS	PROGRAMAS	OUT	NOV	DEZ	JAN	FEV	MAR	ABR	MAI	JUN	JUL
Alimentação	Usar a colher										
	Usar o garfo para fincar										
	Servir líquidos										
Higiene pessoal	Escovar os dentes										
	Tomar banho										
	Enxugar o corpo										
	Lavar o cabelo										
	Secar os cabelos										
	Lavar as mãos										
	Enxugar as mãos										
Vestuário	Despir blusa										
	Despir cueca										
	Despir bermuda										
	Vestir blusa										
	Vestir cueca										
	Vestir bermuda										
	Manusear velcro										
	Calçar sapatos										
	Calçar as meias										
Uso do banheiro	Controlar esfincter urinário										
	Controlar esfincter intestinal										
	Usar o banheiro (xixi)										
	Usar o banheiro (cocô)										
	AVALIAÇÃO										

9.3.4 RESULTADOS

A Figura 133 apresenta os resultados de Luiz no IPO que é o instrumento que mediu o desempenho em autocuidados. A criança apresentou melhora na maioria das áreas do desenvolvimento, exceto em socialização, após a Intervenção Comportamental Intensiva 14277 e especificamente em autocuidados 14277 passou da pontuação inicial de 22 pontos para 52. Isso significa que a criança tinha idade cronológica inicial de 4 anos e 1 mês, mas pontuação inicial em autocuidados compatível com uma criança típica de 1 ano e 7 meses. Após a intervenção 14277 a criança tinha 4 anos e 10 meses em idade cronológica e pontuação no IPO em autocuidados compatível com 3 anos e 1 mês; um ganho expressivo de 18 meses em 8 meses de terapia.

FIGURA 133 - RESULTADO DE LUIZ NO IPO

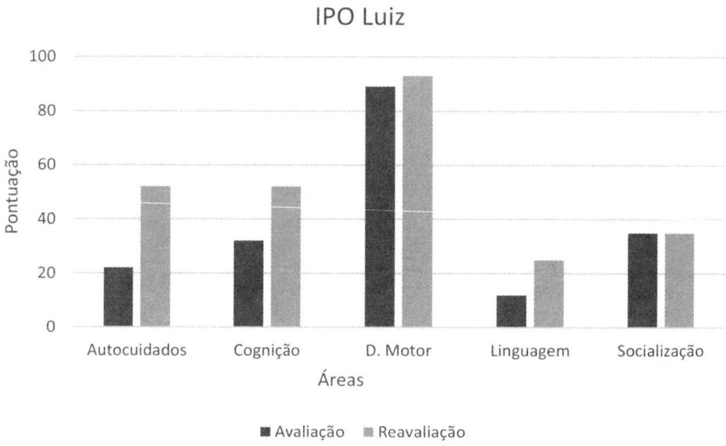

Após a avaliação final 14277 a criança continuou em intervenção intensiva e seguiu com a aprendizagem das habilidades de autocuidados que ela ainda não havia aprendido. Os pais, o irmão e a babá sempre foram muito dedicados em seguir as orientações da terapeuta do CEI. No ano de 2018, a criança apresentava um bom repertório de habilidades de autocuidados e estava em fase de refinamento dessas habilidades, não necessitando de supervisões semanais da terapeuta ocupacional do CEI. Luiz continuou em Intervenção Comportamental Intensiva com foco na melhora do comportamento social, desenvolvimento da fala e das habilidades acadêmicas (leitura, escrita e matemática). A criança frequentava escola regular com apoio de uma estudante de Psicologia (mediadora) e fazia sessões semanais de fonoaudiologia e de terapia ocupacional, em consultório particular, com duração de 50 minutos cada.

9.4 CASO PEDRO

9.4.1 PERFIL DA CRIANÇA

Pedro morava em uma cidade a 100 km da sede do CEI. Começou a ser acompanhado no CEI em julho de 2014, com 8 anos e 10 meses de idade e falava pouco. Foi diagnosticado aos 2 anos e 9 meses por um psiquiatra especializado e vinha fazendo terapias desde a época do diagnóstico. Os pais tinham formação em nível superior, trabalhavam fora de casa e Pedro era filho único. A criança frequentava uma escola regular em período parcial e no contraturno ficava em casa com uma babá. Pedro fazia uso de medicação (antipsicótico e anticonvulsivante) e não fazia tratamentos alternativos.

9.4.2 AVALIAÇÃO DO DESENVOLVIMENTO

Pedro foi avaliado por meio do PEP-R e PEDI. Os resultados indicaram atraso expressivo no desenvolvimento. De acordo com o PEP-R, o desempenho da criança era compatível com o de uma criança típica de 1 ano e 8 meses (7 anos e 2 meses de atraso). Especificamente em relação às habilidades de autocuidados, a pontuação de Pedro no PEDI foi 41 em 73 atividades (o PEDI não faz uma comparação com idade cronológica como o PEP-R e o IPO para crianças em idade acima de 7 anos e 11 meses).

9.4.3 ENSINO DE HABILIDADES DE AUTOCUIDADOS

As atividades de autocuidados eram realizadas na casa de Pedro, pela mãe e pela babá. Uma vez por mês uma terapeuta ocupacional do CEI se deslocava até a casa da criança e ensinava as cuidadoras a fazer as atividades, registrar nos protocolos e manter as habilidades aprendidas pela criança. As sessões de orientação duravam em média quatro horas consecutivas. As orientações aconteciam uma vez por mês, porque Pedro morava longe da sede do CEI, o que inviabilizava orientações semanais presenciais.

A criança foi avaliada em julho de 2014 e foi reavaliada em agosto de 2015. A Figura 134 apresenta a sequência de introdução dos Programas de Ensino de autocuidados e a duração de cada um deles em meses, até a criança atingir o critério de aprendizagem. Foram ensinados 22 programas em 12 meses de intervenção: 5 de alimentação, 8 de higiene pessoal, 7 de vestuário e 2 de uso do banheiro.

FIGURA 134 - PROGRAMAS DE ENSINO REALIZADOS POR PEDRO

ÁREAS	PROGRAMAS	JUL	AGO	SET	OUT	NOV	DEZ	JAN	FEV	MAR	ABR	MAI	JUN	JUL	AGO
Alimentação	Usar a colher														
	Usar o garfo (fincar)														
	Usar o copo														
	Usar guardanapo														
	Servir líquidos														
Higiene pessoal	Escovar os dentes														
	Tomar banho														
	Enxugar o corpo														
	Lavar o cabelo														
	Secar os cabelos														
	Pentear os cabelos														
	Lavar as mãos														
	Enxugar as mãos														
Vestuário	Retirar a meia														
	Calçar as meias														
	Calçar os sapatos														
	Desabotoar														
	Abotoar														
	Abrir botão de pressão														
	Fechar botão de pressão														
Uso do Banheiro	Usar o banheiro														
	Limpar-se														
	AVALIAÇÃO														

9.4.4 RESULTADOS

A Figura 135 apresenta os resultados de Pedro no PEDI, que é o instrumento que mediu o desempenho em autocuidados. A criança apresentou melhora em todas as áreas do autocuidado e passou da pontuação inicial total de 41 pontos para 57, ficando mais próximo da meta final, que é a pontuação 73.

FIGURA 135 - RESULTADO DE PEDRO NO PEDI

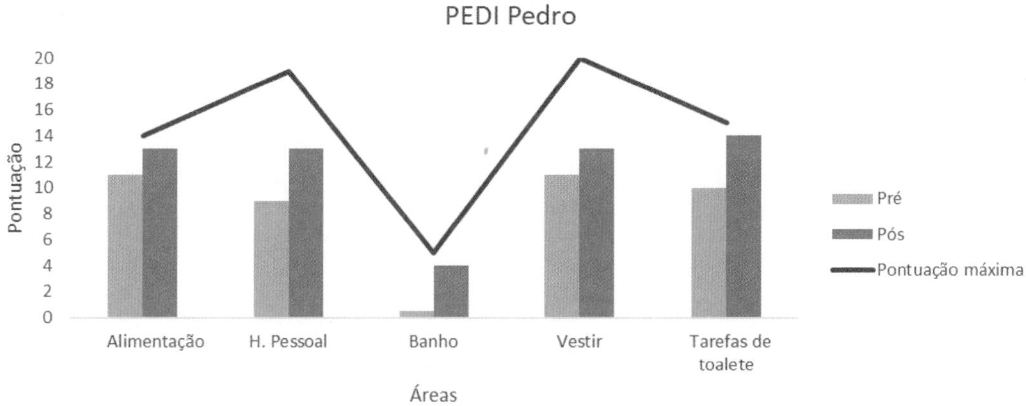

Após a avaliação final, a criança continuou em intervenção intensiva e seguiu com a aprendizagem das habilidades de autocuidados que ela ainda não havia aprendido. Os pais e a babá sempre foram muito dedicados em seguir as orientações da terapeuta do CEI. No ano de 2018, a criança apresentava um bom repertório de habilidades de autocuidados e estava em fase de refinamento dessas habilidades, não necessitando de supervisões sistemáticas da terapeuta ocupacional do CEI. Pedro continuava em Intervenção Comportamental Intensiva com foco no desenvolvimento da fala e das habilidades acadêmicas (leitura, escrita e matemática). A criança frequentava escola regular com suporte de uma professora de apoio e fazia sessões semanais de fonoaudiologia, em consultório particular, com duração de 50 minutos cada sessão.

9.5 CONCLUSÃO GERAL

Os casos pretenderam exemplificar o uso deste manual em contextos diferentes com crianças em idades e perfis diferentes. As três crianças obtiveram ganhos importantes no desenvolvimento, indicando a viabilidade da aplicação dos procedimentos e protocolos descritos neste livro.

10

CONSIDERAÇÕES FINAIS

Ao longo deste livro pontuamos diversas vezes sobre a importância de ensinar habilidades de autocuidados para pessoas com autismo, a fim de aumentar a autonomia, a independência e melhorar a qualidade de vida das famílias.

Trabalhando com habilidades de autocuidados por quase duas décadas, observamos com muita frequência que as famílias tendem a valorizar pouco a aprendizagem dessas habilidades, especialmente quando se trata de crianças pequenas. Há uma expectativa por parte das famílias de que as habilidades de autocuidados serão aprendidas naturalmente, sem um planejamento específico. Além disso, há muitos "mitos" que acabam comprometendo o ensino, como achar que a criança é muito nova para aprender ou achar que se a criança com autismo não fala não é hora de tirar a fralda.

O que podemos afirmar, com bastante segurança, é que as habilidades de autocuidados não são aprendidas "naturalmente"; se não há um ambiente estimulador, que se criem oportunidades para a aprendizagem, ninguém aprende, nem mesmo as crianças típicas.

O planejamento diferenciado para o ensino de habilidades de autocuidados para pessoas com autismo é importante, pois essa população apresenta características singulares e necessidades específicas de aprendizagem. Nesse sentido, é sempre bom reforçar que pessoas com autismo aprendem, desde que estratégias de ensino adequadas sejam utilizadas.

Outro aspecto fundamental a ser discutido é a importância da aprendizagem de habilidades de autocuidados para uma vida adulta com independência e maiores possibilidades de inserção social. Muitas famílias valorizam bastante a aprendizagem de habilidades de linguagem e acadêmicas, como a leitura, a escrita e a matemática. Realmente esse conjunto de habilidades é muito importante, porém investir apenas nessas áreas não garante independência na vida adulta. Pouco adianta saber ler, escrever e fazer contas se a pessoa não consegue usar o banheiro, pois assim ela sempre dependerá de um cuidador.

O planejamento para a intervenção no autismo deve ser amplo, considerando todas as áreas do desenvolvimento. A intervenção, para ser efetiva e conquistar os melhores resultados, deve ser intensiva e abrangente, ou seja, realizada por muitas horas semanais, ensinando habilidades em todas as áreas do desenvolvimento simultaneamente. Muitos profissionais e familiares questionam a necessidade e a viabilidade de se realizar estimulações intensivas e abrangentes para tratar pessoas com autismo. Costumamos dizer em nossas apresentações que uma pessoa com autismo é como um aluno que ficou de recuperação em sete matérias; nesse caso, ele precisará estudar todas as matérias simultaneamente, o que exigirá muitas horas semanais de estudo (diferentemente do aluno que ficou em uma matéria). Para esse aluno, estudar uma única matéria vai melhorar o desempenho naquela matéria específica, mas não garantirá a aprovação. No autismo acontece algo similar, pois as alterações provocadas pelo transtorno afetam várias áreas do desenvolvimento (assim como o aluno de recuperação em sete matérias), por isso há a necessidade do ensino de muitas habilidades ao mesmo tempo e isso requer muitas horas semanais de "estudo"; estimular uma área só não trará os melhores resultados. Nesse contexto, as habilidades de autocuidados constituem-se como uma dessas "matérias a serem estudadas" e devem ser consideradas no planejamento da intervenção de uma pessoa com autismo.

Ao término de cada texto, sempre desejamos que ele se torne um instrumento que promova o desenvolvimento de muitas pessoas com autismo, por meio da capacitação de familiares e profissionais, leitores do livro. Neste livro o desejo é ainda maior, pois as habilidades de autocuidados têm uma caraterística "especial" por estarem diretamente relacionadas a independência, qualidade de vida e inserção social. Dessa maneira, desejamos a todos um ótimo ensino de habilidades de autocuidados, pois não há nada melhor do que conseguir cuidar de si mesmo com pouco auxílio!

"As habilidades de autocuidados não são aprendidas 'naturalmente'; se não há um ambiente estimulador, que crie oportunidades para a aprendizagem, ninguém aprende, nem mesmo as crianças típicas".

11

REFERÊNCIAS

ANDALÉCIO, A. *et al.* Efeitos de 5 anos de intervenção comportamental intensiva no desenvolvimento de uma criança com autismo. **Revista Brasileira de Educação Especial**, no prelo.

AIELLO, A. L. R. Identificação precoce de sinais de autismo. In: GUILHARDI, H.J. et al. **Sobre comportamento e cognição:** contribuições para construção da Teoria do Comportamento. Santo André: ESETec Editores Associados, p. 13-29, 2002.

AMERICAN PSYCHIATRIC ASSOCIATION. **Diagnostic and statistical manual of mental disorders DSM-5.** Washington: APA, 2013.

BAER, D.; WOLF, M.; RISLEY, T. Some still-current dimensions of applied behavior analysis. **Journal of Applied Behavior Analysis**, v. 20, n. 4, p. 313-327, 1987.

BOYD, R..; CORLEY, M. Outcome survey of early intensive behavioral intervention for young children with autism in a community setting. **Autism**, v. 5, n. 4, p. 430-441, 2001.

CAMPBELL, M. *et al.* Treatment of autistic disorder. **Journal of the American Academy of Child & Adolescent Psychiatry**, v. 35, n. 2, p. 134-143, 1996.

DAWSON, G. et al. Randomized, controlled trial of an intervention for toddlers with autism: the Early Start Denver Model. **Pediatrics**, v. 125, n. 1, p. e17-e23, 2010.

GREEN, G. Early behavioral intervention for autism: What does research tell us. *In:* MAURICE, C.; GREEN, G.; LUCE, S. **Behavioral intervention for young children with autism:** a manual for parents and professionals. *[S.l.]:* Pro-ed, 1996. p. 29-44.

GOMES, C. G. S. *et al.* Intervenção Comportamental Precoce e Intensiva com Crianças com Autismo por Meio da Capacitação de Cuidadores. **Revista Brasileira de Educação Especial**, v. 23, n. 3, p. 377-390, 2017.

GOMES, C. *et al.* Efeitos da Intervenção Comportamental Intensiva realizada por meio da capacitação de cuidadores de crianças com autismo. **Psicologia:** Teoria e Pesquisa, v. 35, e3523, 2019.

GOMES, C. G. S.; SILVEIRA, A. D. **Ensino de habilidades básicas para pessoas com autismo:** manual para intervenção comportamental intensiva. Curitiba: Appris, 2016.

LEON, V. *et al.* Propriedades psicométricas do Perfil Psicoeducacional Revisado: PEP-R. **Avaliação Psicológica**, v. 3, n. 1, p. 39-52, 2004.

LOVAAS, O. Behavioral treatment and normal educational and intellectual functioning in young autistic children. **Journal of Consulting and Clinical Psychology**, v. 55, n. 1, p. 3, 1987.

MANCINI M.C. **Inventário de Avaliação Pediátrica de Incapacidade (PEDI)**: manual da versão brasileira adaptada. Belo Horizonte: UFMG, 2005.

MARTIN, G.; PEAR, J. **Modificação de Comportamento:** o que é e como fazer. São Paulo: Roca, 2009.

MCEACHIN, J.; SMITH, T.; LOVAAS, I. Long-term outcome for children with autism who received early intensive behavioral treatment. **American Journal of Mental Retardation**, v. 97, p. 359-359, 1993.

MOREIRA, M. B.; MEDEIROS, C. A. **Princípios básicos de análise do comportamento**. *[S.l.]:* Artmed, 2018.

ROMANCZYK, R. G.; MCEACHIN, J. (ed.). **Comprehensive models of autism spectrum disorder treatment:** Points of divergence and convergence. *[S.l.]:* Springer, 2016.

SCHOPLER, E. *et al.* **Individualized assessment of autistic and developmentally disabled children**: Psychoeducational Profile Revised (PEP-R). Austin, TX: Pro-Ed, 1990.

SMITH, T. Outcome of early intervention for children with autism. **Clinical Psychology**: Science and Practice, v. 6, n. 1, p. 33-49, 1999.

TODOROV, J. C.; HANNA, E. S. Análise do comportamento no Brasil. **Psicologia**: teoria e pesquisa, v. 26, p. 143-154, 2010.

VIRUÉS-ORTEGA, J. Applied behavior analytic intervention for autism in early childhood: Meta-analysis, meta-regression and dose–response meta-analysis of multiple outcomes. **Clinical Psychology Review**, v. 30, n. 4, p. 387-399, 2010.

WARREN, Z. *et al.* A systematic review of early intensive intervention for autism spectrum disorders. **Pediatrics**, v. 127, n. 5, p. e1303-e1311, 2011.

WILLIAMS, L. A.; AIELLO, A. L. R. **Inventário Portage Operacionalizado**. São Paulo: Mennon, 2001.

WINDHOLZ, M. H. **Passo a passo, seu caminho**: guia curricular para o ensino de habilidades básicas. São Paulo: EDICON, 2016.